美国·亚太地区国家海洋战略研究丛书

菲律宾海洋战略研究

MARITIME STRATEGY OF THE PHILIPPINES

上海市美国问题研究所·主编
朱新山·著

时事出版社

总序

中国正处在发展的历史新起点，正在进入由大向强发展的关键阶段。我国发展仍然处于可以大有作为的重要战略机遇期，但战略机遇期内涵发生深刻变化，我国发展既面临许多有利条件，也面临不少风险挑战。

随着综合国力的增强和国际影响力的上升，我国的战略回旋空间和面临的压力同步上升。各种安全挑战中的"内忧外患联动效应"突出，我们维护国家安全利益与发展利益的"两难选择"特征增加了我们运筹国家安全的难度。在实现社会主义小康社会的冲刺阶段，避免跌入"中等收入陷阱"和"修昔底德陷阱"，是我们内政与外交的两个重大课题。

对内，统筹好经济"调结构、稳增长与防风险"三者之间的关系，确保我国经济持久、健康发展是一项重要而艰巨的工作。在新常态下，我国经济发展表现出速度变化、结构优化、动力转化三大特点，增长速度从高速转向中高速，发展方式从规模速度型转向质量效率型，经济结构调整要从增量扩能为主转向调整存量、做优增量并举，发展动力要从主要依靠资源和低成本劳动力等要素投入转向创新驱动。当前，我国经济社会发生深刻变化，改革进入攻坚期和深水区，社会矛盾多发叠加，面临各种可以预见和难以预见的安全风险挑战。

对外，我国和平发展与民族复兴给外部世界特别是给美国等西方国家带来的冲击处于一个激烈的相互磨合和相互适应阶段，各国对华政策也处在一个变化路口，并且可塑性比较强的阶段。中国的外部安全环境继续呈现双重压力状态，即：美国对我国的战略防范和周边部分国家对我国的恐惧与担忧。这双重压力"相互借重，复合交汇"，在涉及与我国利益冲突问题上一拍即合，对我们形成"同步压力"。

我们运筹国家安全正面临着两大矛盾：第一，我们国家迅速扩展的安全和发展利益和有限的保卫手段之间的矛盾；第二，增强保护国家利益手段的迫切性与日益增长的外部制约因素之间的矛盾。

我国经济发展，对外贸易额的增长以及能源供应都对海上运输产生了越来越大的依赖，海上航道的安全已经成为国家安全的重要环节，它不但涉及经济安全，也是国家整体安全的重要组成部分。然而，我国对海上航道的需求的不断上升，与我国海上防卫力量的不足形成了鲜明的反差。

我国外部安全环境，来自陆地方向的大规模军事入侵基本上可以排除，但是来自海洋方向的安全挑战日益增多。美国推进亚太战略"再平衡"，强化在我国周边地区，特别是海洋方向的军事力量部署和活动强度，对我国的周边安全环境形成了巨大压力。

无论是维护国家安全，还是发展经济，经略海洋都已经在战略上形成了刚性需求。党的十八大提出了"建设海洋强国"的战略目标，把经略海洋作为推进中华民族伟大复兴事业的重要组成部分与途径之一。建设海洋强国的内涵丰富，包括提高海洋资源开发能力、海洋运输能力、海洋执法能力、海洋防卫能力，发展海洋经济，保护海洋生态环境，坚决维护国家海洋权益，把我们国家建设成一个世界性的海洋强国。

中国地缘上是一个陆海复合型的国家，虽然在古代曾经有过丰富多彩的海上实践，早在西方的"大航海时代"开始以前，郑和就率领过举世无双的庞大船队远航到了非洲，古代的海上丝绸之路也曾经连接到了欧洲。但是，进入近现代以后，由于传统的观念落后和其他综合因素，中国却不幸地沦落为一个海洋弱国，饱受西方列强的欺凌。在我国从来没有像现在如此接近民族复兴梦想的今天，作为一个世界国家整体面向海洋，这在中华民族的历史上还是第一次，它对世界的冲击是可想而知的。

古希腊著名历史学家修昔底德认为，当一个崛起的大国与既有的统治霸主竞争时，双方面临的危险多数以战争而告终。对于大海，中国还是一个后发的国家，然而，中国建设海洋强国的步伐速度之飞快、规模之宏大，免不了引起一些国家心理上的危机感，他们既无法阻止，又不可抗拒，更难以适应。

19世纪末、20世纪初著名的地缘政治学家，美国海军军官、历史学家，《海权论》的作者阿尔弗雷德·塞耶·马汉（Alfred Thayer Mahan）通过对十七八世纪重商主义和帝国主义时期的海上强国英国历史的大量研究，提出了关于美国海军政策、海军战略、海军战术的一系列基本原则。马汉《海权论》的核心观点是，海洋是世界的中心；谁控制了世界核心的咽喉航道、运河和航线；谁就掌握了世界经济和能源运输之门；谁掌握了世界经济和能源之门，谁就掌握了世界各国的经济和安全命脉；谁掌握了世界各国的经济和安全命脉，谁就（变相）控制了全世界。马汉学说在美国被捧为金科玉律，尤其在两次世界大战之间的20多年中已经构成了美国军事战略的灵魂。马汉的海权论在西方，乃至世界的影响依然巨大。

马汉通过对17世纪和18世纪的英国历史进行推导，设定了六项他表示普遍适用、永恒不变的"影响海权的一般条件"：（1）地理位置；（2）自然构造；（3）领土范围；（4）人口数量；（5）民族性格；（6）政府的特征和政策。

现代海权更是一个复杂的体系，虽然马汉的六大要素依然发挥着作用，但是对这其中第六个要素，也就是政府的特征和政策则更有进一步拓展的必要。我们不妨根据其功能将其分为"硬件"和"软件"两大部分。其中"硬件"包含海军、海洋管理体制和机构、海洋产业和海洋科技实力等构成海权的客观物质要素；而"软件"则包括海洋管理法律制度、海洋价值观和海洋意识，这些非物质因素在海权的发展和维系方面则具有不可替代的独特作用。

各国的海洋战略也正是通过这几大要素辐射而出的，而且随着进入了21世纪，在这国际政治多极化、经济全球化、军事信息化的时代，海洋战略更是具有崭新的色彩。

以往排他性海上霸权逐渐让位于功能更复杂和更国际化的当代海权观念。这一当代海权观念新颖和核心的特点是，海上力量已无力追求单极的全球霸权与秩序，相对于日益崛起的太空和空天复合力量，海权的黄金时代已经成为历史。即使对于拥有绝对海军优势的国家，在国际政策中，单纯利用海权优势也不可能实现自身的利益。这些国家即使有能力轻易获得海上战争的胜利，其外交、经济和其他代价，也是其决定行动时不得不再三综合考虑的因素。这也与当代全球经济和政治的急遽整合趋势是一致的。

在这一背景下，在这个意义下，全球化时代的海洋战略，还加入了维护海上安全、保护海洋环境等内容，其根本目的就是保护现有经济格局的安全，维护现今给大多数国家带来利益的全球秩序的稳定。海洋战略是一个综合海洋经济、海洋政治、海洋军事、海洋法制、海洋环境等一系列因素的复杂问题。

中国奉行的是和平发展道路，而不是走历史上传统大国崛起靠军事扩张，甚至通过发动战争来实现自己战略目标的旧路。正如国家主席习近平所强调的，中国愿同各国一道，构建以合作共赢为核心的新型国际关系，以合作取代对抗，以共赢取代独占，树立建设伙伴关系新思路，开创共同发展新前景，营造共享安全新局面。

面对当今世界复杂的海上局势，中国如何更好地走向海洋、经略海洋，需要我们在战略上很好地把握，搞好战略规划与运筹。对此，我们不仅仅只是开拓出一条具有中国特色的和平发展的海上战略，同样重要的，还应当对世界各国，尤其是中国周边海上国家的海洋战略加以清晰地了解，明确地掌握。

上海市美国问题研究所将美国、日本、韩国、越南、菲律宾、澳大利亚、印度以及俄罗斯这八个国家的海上战略进行了系统的梳理。据我浅薄所知，国内至今还没有见过这样一套系列丛书。这样一套系列丛书的面世，对于今后中国如何面向大海，如何制定相应的海上战略而言，具有非常宝贵的参考价值。这样一套系列丛书的顺利出版，对于服务于建设海洋强国，对于推进中华民族伟大复兴事业都是一件值得庆贺的好事。

对于海洋战略这样复杂的问题，分国家加以考察更要花费巨大的辛劳和探索。对此，上海市美国问题研究所动员了全国的相关专家，历经多年的努力，集中全力对这套丛书进行了编撰，取得了丰硕的学术成就。

为了适应世界多极化、经济全球化、合作与竞争并存的新形势，扩大与沿线国家的利益汇合点，与相关国家共同打造政治互信、经济融合、文化包容、互联互通的利益共同体和命运共同体,实现地区各国的共同发展、共同繁荣,中国政府提出了建设"一带一路"倡议。其中,"二十一世纪海上丝绸之路"的战略规划将促进构建海上互联互通、加强海洋经济和产业合作、推进海洋非传统安全领域的全面合作,也将拓展海洋人文领域的合作。在建设"二十一世纪海上丝绸之路"的大业中,了解各国的海洋战略,更是必不可少。我相信,这套系列丛书会为照亮"二十一世纪海上丝绸之路"的拓展前程做出特殊的贡献。

《美国·亚太地区国家海洋战略研究丛书》浸透了所有参与者的辛勤劳动与心血,当广大的读者从中受益的时候,也是对为这套丛书顺利撰写、编辑、出版和发行而做出各自贡献的人们表示感谢的最好方式。

2016 年仲夏,于北京

目　　录

导论 ………………………………………………………………（1）

第一章　古国时代的菲律宾与海洋 ……………………（12）
 第一节　菲律宾古国靠海为生因海出场 ………………（12）
 第二节　擅长海贸的"麻逸"与"吕宋" …………………（17）
 第三节　海上强国"苏禄" …………………………………（21）
 第四节　南洋地区的"海上丛林时代" …………………（25）

第二章　列强殖民与宗主国制海 ………………………（31）
 第一节　西班牙对菲律宾的占领及其"大帆船
    贸易" …………………………………………（32）
 第二节　美国在菲律宾建立殖民统治新体系及形成
    美控海贸的格局 ……………………………（40）
 第三节　日本占领菲律宾及华南几乎控制整个南洋 ……（45）

**第三章　菲律宾独立建国与海权意识逐步
    苏醒** ………………………………………………（49）
 第一节　民族意识不断增强与独立建国 ………………（50）
 第二节　争取完整主权与民族国家建设布局 …………（55）
 第三节　安全利益、经济利益与海权意识 ……………（73）

— 1 —

第四章　菲律宾海洋战略成形的背景及动因分析 ……（81）
第一节　美国撤出基地与菲律宾独立承担防卫任务 ……（81）
第二节　防卫重心转移与海洋战略逐步成形………………（85）
第三节　菲律宾海洋战略成形的动因分析 ………………（100）

第五章　菲律宾的海洋战略目标、海洋法律主张及相关实践 ……………………（114）
第一节　菲律宾海洋战略的基本目标 ……………………（114）
第二节　菲律宾的海洋法律主张与实践 …………………（130）
第三节　菲律宾的海洋管理结构与执法体制 ……………（142）
第四节　菲律宾政府推行其海洋战略的主要措施 ………（147）

第六章　菲律宾海洋战略的困境 ………………（165）
第一节　战略设想与战略能力的矛盾 ……………………（165）
第二节　国内平叛与国土防御的矛盾 ……………………（169）
第三节　海洋大战略与国内家族政治的矛盾 ……………（173）
第四节　借重外国与民族自主的矛盾 ……………………（181）
第五节　合纵与连横政策选择之间的矛盾 ………………（184）

导　论

菲律宾是亚洲南部一个独特而有魅力的国家。对自己的祖国，菲律宾历史学家赛义德曾饱含深情地描述道："浮亘于亚洲东南部水域的是一连串七千个翠碧的岛屿，被浪漫的作家们歌颂为东方之珠。那就是菲律宾，一片向阳的群岛，它有一部'丰富多彩'的历史，一份有趣的文化，一个独特的民族。作为亚洲、西班牙和美洲三种文化的继承者，她浮现在全球事务的引人注目的强光之下，成为马来民族的第一个共和国，也是在亚洲仅有的基督教城堡。"① 菲律宾有自己的鲜明特点，其人口是东方民族（马来族占总人口的85%以上、华人约占2%—3%），② 文化上却是以天主教为主体的国家（基督徒占总人口的93%）。

菲律宾位于亚洲南缘海上，地理位置非常重要。它处于西太平洋的连锁战略岛屿的要冲，是通往南洋群岛及印度洋的要道。③ 美国著名军事将领麦克阿瑟就指出："菲律宾是全世界最好的群岛。它的战略性位置是世界上其他任何地方不能与之相比的"。④

---

① ［菲］赛义德：《菲律宾共和国：历史、政府与文明》，商务印书馆，1979年版，第7页。
② 菲律宾人口主体是属于棕色人种的马来族。马来族所建的国家不多，世界上只有四个即印度尼西亚、菲律宾、马来西亚与非洲东海岸的岛国马达加斯加。参见陈烈甫：《马可仕治下的菲律宾》，台湾商务印书馆，1983年版，第21页。
③ 陈鸿瑜：《菲律宾政治发展》，台湾商务印书馆，1980年版，第48—49页。
④ ［美］冈萨雷斯、加里尼奥：《商业制胜之菲律宾》，中国水利水电出版社，2004年版，第28页。

作为海岛国家，菲律宾的形成与发展均与大海有密切关系。从留下的历史记录看，菲律宾古代小国均靠海维生，因海出场，尤其是与文明古国中国接触，才留下了最早的确切记载。近代西方殖民者也是跨海而来，在菲律宾整个社会机体上深深烙上了殖民者的印记。今天，作为群岛国家，只有克服海洋的阻隔与限制，菲律宾的各个组成部分才能真正结为一体，发展才能均衡。可以说，古往今来菲律宾与大海都有相当密切的关系。因此，研究菲律宾，就不能不关注海洋，关注其海权发展与海洋战略。

众所周知，21世纪是"海洋世纪"，海洋对世界各国与人类社会的作用更为突出。英国海洋与海军战略研究权威蒂尔教授指出："海洋和海权的相对重要性在21世纪将继续上升"，"世界人口在增长，海洋的资源价值在提高；海洋的交通功能仍将是世界贸易体系的中心，因为一切有赖于它。而且，作为一个实体环境，海洋也塑造着人类的未来。"① 时下，包括菲律宾在内的沿海国家纷纷将目光投向海洋，着力谋划与出台各自的海洋战略。

一、市场经济、海权与国家繁荣

今天，几乎所有国家都在往市场经济方向转型，而市场经济国家均是面向大海的"蓝色文明"。自古以来，市场经济与海上活动就相互促进、互为强化。无论是古代希腊、迦太基，还是近代英国、美国，均是经典例子。顾准先生就指出："希腊人原来是蛮族，他们来到希腊半岛和爱琴海诸岛屿，开始也是务农。然而那里土壤太贫瘠，而爱琴海和东地中海的曲折海岸和多岛而不广阔的海域，使他们很快进入到以通商、航海和手工业为主。"② 希腊的地理环境不太

---

① ［英］杰弗里·蒂尔：《21世纪海权指南》，上海人民出版社，2013年版，第446页。
② 顾准：《从理想主义到经验主义》，光明日报出版社，2013年版，第9页。

适合农业种植，而是适合航海经商。顾准进而指出："希腊诸海外殖民城邦（如在意大利半岛南部及小亚细亚建立的）一开始都以务农为主"，日后，像"米利都发展成为商业城邦，以建立商站为目的而去'繁殖女儿城邦'"。也许，航海的最初目的是为了"寻求新地"。不过，由于"航海固然与商业联系在一起"，这些"一开始的时候并非是商业文明"的"新地"，[①] 在日后航海的往来互动中，很可能要发生经济形态的转型（只是有快有慢而已）。因此，航海经商必然催生市场经济，而市场越拓展就越对海洋、海权有更大的依赖（古代雅典因此建立了强大海军）。另外，从逻辑上讲，古希腊人选择航海经商，那就不得不面对背井离乡，必然冲淡与瓦解血缘家族关系（在打破血缘关系的基础上构建国家形态）。马克思说过："商品是天生的平等派"。[②] 做买卖自然认钱不认人，市场拓展秩序必然生成人与人之间的平等关系。因此，市场经济还是民主政治成长的最佳土壤。可以看出，海上活动与市场经济、民主政治之间具有共生关系，三者互为强化、相互促进。

从历史看，以航海经商为基础的商业帝国，其稳定性往往大于以小农经济为基础的农业帝国。由于小农创造农业剩余的能力非常弱，以其为支撑的农业帝国往往是脆弱的（农业帝国对农民往往有剥夺性索取的倾向，一遇天灾人祸，往往引发农民造反）。[③] 而航海经商所获收益远远大于土地种植，况且，商业帝国所获利润主要来自交换，带有更为平和的性质（不是剥夺性索取），因此，商业帝国的治理比农业帝国更具弹性。不过，商业帝国有赖于商路的稳定，商路若被切断，国家繁荣就不再。美国海权战略学家马汉就指出：由于带给商业帝国繁荣的海运是一种暴露性的交通体系，这一体系必须由强大的海上武装力量来保护。因此，没有强大的海军，就没

[①] 顾准：《从理想主义到经验主义》，光明日报出版社，2013年版，第54页。
[②] 马克思：《资本论》（第1卷），人民出版社，1975年版，第103页。
[③] 费孝通：《乡土中国　生育制度》，北京大学出版社，1998年版，第62页。

有制海权（command of the sea）。没有制海权，国家的商业活动就会受到威胁，国家的繁荣就无法保障。[1] 马汉1890年发表《海权对历史的影响，1660—1783》，提出了著名的海权论。马汉海权理论的中心是对冲突的预期。如果国家的繁荣依赖于海上贸易，而可容纳的贸易总量又是有限的，那么竞争便无法避免，这必然导致海军之间的相互角逐，以保护各自国家的贸易。在《海权对历史的影响，1660—1783》一书第一页，马汉就写道："海洋大国的历史，尽管在其广阔的发展当中必尽一切可能使这个民族因海洋而伟大，但基本上是一部军事史。"[2] 海军的必要性，是"伴随着和平航行的存在而存在，和平航行的消失而消失"。[3] 马汉海权论包括如下要点：其一，海权对国家命运有深刻影响，甚至是统治世界的决定因素。要成为世界大国，必先成为海洋强国。其二，海权是一力量体系，包括海军、商业船队、后勤基地、海洋地理条件、人口、资源、国家经济实力等。其三，海军的核心任务是保护海上交通线和港口，在和平时期主要是威慑力量，在战时则主要是夺取制海权。其四，"集中"使用海军力量是海战的支配性原则（predominant principle），[4] 要占据和经营海洋战略要地，以便随时向主要战略和战役方向进行内线机动。马汉海权论深刻阐述了国家强盛与海权之间的内在联系，并坦率指出了国家行动的逻辑。

人类与海洋的接触、交往史也已证明："谁控制了海洋谁就控制

---

[1] Alfred T. Mahan, *The Influence of Sea Power upon History, 1660—1883*, Boston: Little, Brown, 1890, pp. 51–59.

[2] Alfred T. Mahan, *The Influence of Sea Power upon History, 1660—1883*, Boston: Little, Brown, 1890, p. 1.

[3] Alfred T. Mahan, *The Influence of Sea Power upon History, 1660—1883*, Boston: Little, Brown, 1890, pp. 26–27.

[4] 马汉认为，"集中兵力"是"一个可以说包含全部军事艺术的词汇，就这种概括能力而言其他词汇无出其右者"。海上的首要原则同陆上一样，都是在关键战役中集中进攻性火力。马汉嘲笑说那些被分散在各处的巡洋舰，就好像被分派到各个辖区的警察，没法应付成群的暴徒。参见Alfred T. Mahan, *The Panama Canal and the Distribution of the Fleet*, North America Review, Sept. 1914, p. 406.

了世界。"① 自从海战诞生之日起，制海的重要性就一直存在。② 人类早期的海上争霸与制海行动，发生在地中海地区。公元前2000年前后，以克里特岛为中心，地中海地区就出现了海上商贸活动。之后，克里特、希腊、腓尼基和迦太基等先后成为地中海的贸易强国和海上强国。它们为保护和扩展跨海贸易，抗击海上敌人，形成了控制海洋的意识，开始为夺取制海权而斗争。③ 从公元前492年起，势力已扩展到东地中海和爱琴海的波斯帝国开始对希腊城邦国家形成挑战。如何应对来自波斯帝国的威胁，在雅典内部发生了是发展陆权还是发展海权的严重争论，一派主张大力加强陆军实力，另一派则认为发展海军才是击败波斯人的关键。最后，海军建设派赢得了主动，雅典最终建成一支强大海军。公元前480年，波斯舰队与雅典海军在萨拉米斯发生大海战，雅典摧毁波斯3/4的战舰，取得决定性胜利。公元前479年，雅典在小亚细亚附近的米卡尔角与波斯再战，彻底摧毁了波斯舰队。④ 通过海战，雅典解除了波斯对希腊的外部威胁，其对海洋的控制权最终得以确立，以雅典为代表的希腊城邦国家因而保持了长久繁荣。200年过后，迦太基与罗马为争夺地中海的控制权，先后进行了三次布匿战争。罗马走出陆权搏杀的困境来到海上，所建罗马海军在埃加迪群岛海战中彻底击败迦太基海军，夺得东地中海制海权后，奠定了战争中的优势地位，使得汉尼拔陆上几次辉煌的胜利化为乌有，最终灭亡了迦太基。⑤ 公元7世纪起，阿拉伯人的势力向地中海扩展，通过海上征伐，建立了又一个地跨亚、非、欧三洲的大帝国。11世纪初，阿拉伯海军进攻希腊，结果惨败。此后，出现了基督徒的十字军东征及欧洲列强在地

---

① [英]培根：《培根人生随笔》，人民日报出版社，1996年版，第116页。
② [美]乔治·贝尔：《美国海权百年》，人民出版社，2014年版，第8页。
③ 高子川、林松：《蓝色警示——21世纪上半叶的海洋争夺》，海潮出版社，2013年版，第2页。
④ [美]房龙：《人类的故事》，陕西师范大学出版社，2002年版，第39—41页。
⑤ 倪乐雄：《文明转型与中国海权》，文汇出版社，2011版，第33页。

中海地区的争夺。

15世纪末、16世纪初，随着地理大发现和全球航路的开辟，海权的争夺变为全球性的。先是葡萄牙、西班牙与荷兰成为全球贸易与海权强国。其后，英国海上力量崛起，先后通过海战战胜西班牙与荷兰，最终成为"日不落帝国"。马汉曾一语道破英国崛起的秘密："多少世纪以来，英国商业的发展、领土的安全、富裕帝国的存在和世界大国的地位，都可以追溯到英国海上力量的崛起。"19世纪末、20世纪初，美国开始崛起成为海洋强国。1898年，经过4个月的海上战争，美国击败西班牙。一次海战就使美国成为远东主要的帝国主义力量，改变了美国的全球地位。正如马汉所说："有什么不像战争这么暴力的手段可以在半年之内解决加勒比问题，粉碎一个世纪以来深植于这个国家思维定式之中的那些观念，将美国带到亚洲，正视世界将要面临的重大问题。"[1] 美西战争的结果，是西班牙承认古巴独立，把波多黎各、菲律宾、关岛割让给美国，夏威夷、萨摩亚和威克岛进而也被美国兼并。美西战争是美国跨出大陆、进入大洋、迈向世界的关键一步，它实现了马汉控制加勒比海、进军太平洋的理想，在远离本土的海域获得了美国梦寐以求的立足点和基地，初步构建了马汉所设计的海权体系。[2] 其后，美国通过一战进一步壮大了海军力量，通过二战打败德国、日本，战后和平取代英国成为全球第一海上霸权国。

另外，制海权还是市场国家疏解国内矛盾压力、维持国家持久繁荣的外部保障。为了因应世界局势的变动，不至中断本国生产过程，市场经济国家就必须注意在保证生产利润的前提下调和国内劳资矛盾。而要做到这一点只能从海外寻找出路，不断拓展新的海外

---

[1] Alfred T. Mahan, *Lessons of the War with Spanish*, Boston: Little, Brown, 1899, pp. 231–232.

[2] 高子川、林松：《蓝色警示——21世纪上半叶的海洋争夺》，海潮出版社，2013年版，第6—7页。

市场。可以说，政府化解国家内部危机与外部强权压力的能力是决定国家兴衰的关键，而制海权在化解市场经济国家内外危机与压力的过程中扮演着决定性的角色。①19世纪40年代与80年代，英国与美国就分别遭遇风起云涌的国内工人运动，甚至面临革命的危机形势。两国最终都是通过海上力量增强、海外市场扩张与高额利润回流使国内矛盾缓解，从而保持长久繁荣。从某种意义上说，强大的海军和制海权是市场经济和民主政治运作的火车头。没有制海权，就很难有稳定和安全的海外市场和资源以及由此产生的海外利润回流，及由回流利润滋养的社会稳定和民主政治的平稳发展。②

今天，海权对市场经济国家的重要性不仅未降低，而是不断增加；市场经济国家对海权的内在要求依然存在而且更为迫切；海洋仍是决定国家兴衰的关键场所。这是包括菲律宾在内的众多国家高度重视海权与海洋战略的原因之所在。

二、海洋更为深刻地影响包括菲律宾在内的世界各国的未来

随着陆上矿产资源的大量消耗及接近枯竭，世界各国尤其是沿海国家纷纷将目光投向海洋，各国对海洋资源的争夺因之日趋激烈。

众所周知，海洋是世界资源宝库。日本原国土交通大臣就撰文声称：日本勘察了65万平方公里的大陆架，发现此中埋藏有足够日本消耗320年的锰、1000年的钴、100年的镍、100年的天然气以及其他矿物资源。③1992年6月召开的联合国环境与发展大会通过了《21世纪议程》，其中说："海洋是全球生命支持系统的一个组成部分，也是一种有助于实现可持续发展的宝贵财富。"海洋是未来世界

---

① 张文木：《论中国海权》，海洋出版社，2009年版，第79、23页。
② 张文木：《论中国海权》，海洋出版社，2009年版，第40页。
③ 孔志国：《海权、竞争产权与屯海策》，社会科学文献出版社，2011年版，第1页。

经济发展的希望所在，世界经济的可持续发展在某种程度上取决于海洋经济的增长速度。

目前，海洋正日益成为人类的第二生存空间。当今世界，环境污染不断加剧，人类的陆地生存空间受到了越来越大的威胁。海洋对于21世纪人类的生存与发展，具有不可替代的战略意义。谁拥有海洋谁就拥有未来。

海洋还是人类互联互通的伟大通道。"世界上只有统一的海洋，而没有统一的陆地"。与陆上交通不同，海上航行没有国界障碍，（在公海上）基本上是畅通无阻。① 海上运输还具有载重量大、燃料消耗少、运费低廉、不受地形限制等优点。② 从经济成本看，海洋运输费用仅为陆上运输费用的1/15。③ 海洋因此为人类提供了最为经济便捷的运输途径，被誉为国际贸易的"蓝色动脉"，海运承担了80%的国际贸易运输量。很清楚，经济的发展有赖于贸易，贸易的兴旺离不开交通运输尤其是海上运输。可以说，海洋在沟通各国、促进世界经济发展方面，起着非常关键的作用。

伴随《联合国海洋法公约》的生效和实施，各沿海国家对海洋权利更为重视，争夺就更为激烈。"海洋权利"是一国在海上的主权、权利和利益的总和，内涵丰富，包括海洋领土主权、领海主权、专属经济区和大陆架的主权权利与专属管辖权、参与开发国际海底区域以及利用海洋从事经济、科研和军事活动的权利。④ 各沿海国家均认为其海洋"权利"（right）来自《联合国海洋法公约》，有国际法根据，追求、落实其海洋权利，合法正当。因此，《联合国海洋法公约》的生效和实施，就使世界海洋管理格局发生根本性变化，从

---

① 张文木：《论中国海权》，海洋出版社，2009年版，第75页。
② 高子川、林松：《蓝色警示——21世纪上半叶的海洋争夺》，海潮出版社，2013年版，第20页。
③ 张世平：《中国海权》，人民日报出版社，2009年版，第42页。
④ 高子川、林松：《蓝色警示——21世纪上半叶的海洋争夺》，海潮出版社，2013年版，第21页。

而引发了新的对海域的划分、控制和争夺。今天，菲律宾也极为看重海洋权利。菲律宾是世界上人口增长率最快的国家之一，人口规模已过亿，① 其人口与资源之间的矛盾日益突出。发展海洋经济以及劳务输出，成为菲律宾解决就业的重要途径。另外，能源短缺向来是菲律宾政府面临的严重问题。据估计菲国所需石油的95%仍然依靠进口，故菲律宾对油气资源蕴藏丰富的南中国海看得很重，希望通过侵占开采南沙岛礁油气，使之在21世纪逐步实现石油自给。②

海洋还是沿海国家扩大防御纵深、向外扩展力量的重要空间。菲律宾死死抓住中国南海部分岛礁不放，就有此战略考虑。另外，对菲律宾这种领土被海洋分割为不同部分的群岛型国家，海权还是保持国家统一和领土完整的必要工具。马汉在谈到国家的"自然形态"（physical conformation）与海权之关系时就指出："当海洋不仅成为边界，或者四面临海，而且还将一个国家隔开成为两个或更多的部分，那么对于它的控制就不再仅仅是众望所归，而且也是绝对必需的了。"③ 海洋不仅连通菲律宾与其他国家，而且连通菲律宾各组成部分。根据马汉的理论，菲律宾这种群岛形态的国家对海权有天然的需求，只是时机与能力及海权大小而已。

群岛型国家菲律宾由7083多个岛屿组成（全国总面积29.97万平方公里），其中有名称的岛屿2441个，有人居住的仅1095个。④ 菲律宾海岸线蜿蜒曲折，总长18533公里。菲律宾任何一个地方，无论是地处吕宋岛还是棉兰老岛，距离大海的直线距离都不会超过120公里。总体来看，菲律宾由三大岛组组成：北部为吕宋岛组，

---

① 2014年7月27日，菲律宾官方的人口委员会宣布：菲律宾全国总人口于27日凌晨突破1亿大关，成为世界上第12个人口过亿的国家。参见凤凰网报道：《菲律宾总人口突破1亿 成第12个人口过亿国家》，凤凰网报道，available at：http://news.ifeng.com/a/20140727/41327683_0.shtml.

② Jan James Storey, Creeping Assertiveness: China, the Philippines and the South China Sea Dispute, Contemporary Southeast Asia, Vol. 21, No. 1, 1999, p. 105.

③ 白海军：《海洋霸权：美国的全球海洋战略》，江苏人民出版社，2014年版，第53页。

④ 陈烈甫：《菲律宾的资源经济与菲化政策》，台北正中书局，1969年版，第1页。

中部为米沙鄢岛组、南部为棉兰老岛组。在吕宋岛组与米沙鄢岛组之间为锡布延海、米沙鄢海和萨马海，米沙鄢岛组与棉兰老岛组之间则隔着保和海。在吕宋岛组的巴拉望岛与棉兰老岛组之间则为苏禄海。这些岛组之间还有众多的海峡与海湾。菲律宾南部的分裂势力借助海上交通工具与复杂地形，经常组织绑架、打劫，甚至对政府军发动袭击。他们在海上时出时没，机动性很强，菲律宾政府则穷于应付。

总体来看，随着对海洋的开发利用进入新的阶段，海洋对人类生存与发展的作用日益突出，各国对海洋权益更加重视。维护海洋权益、发展海洋经济、开展海上交往是保障国家主权、增强综合国力、提高国际地位的重要途径和手段。海洋战略正成为各沿海国国家战略的重要组成部分，受到高度重视。目前，菲律宾政府高度重视海洋与海权，海洋战略正成为菲律宾国家整体战略的有机组成部分。

三、本书的框架结构与特色

目前，中国学界尤其是国际关系学界把主要精力与资源投放在大国研究上，对包括菲律宾在内的小国的研究非常薄弱。至于关于这些小国的更为具体的研究课题，如菲律宾的海权与海洋战略研究，可以说是接近空白。

本书研究的主要特色体现在如下两个方面：一是探索形成了菲律宾海洋战略研究的框架结构；二是国内学界首次就菲律宾海洋战略作系统深入之研究。

全书共分八个部分。第一部分是"导论"，主要阐释海洋时代的到来、各国海洋战略的兴起以及本书的写作缘起与框架结构。接下来，第一章主要介绍古国时代的菲律宾与海洋的关系，留有历史记录的古代小国如"麻逸"、"吕宋"、"苏禄"等均与大海有密切关系，它们都靠海为生、因海出场，尤其是与文明古国中国接触，才留下了最早的确切记载。第二章"列强殖民与宗主国制海"，主要介绍跨海而来的殖民者对菲律宾造成的深刻影响及其对菲律宾的管控模式。第三章着重分析菲律宾民族意识不断增强与独立建国，以及在争取完整主权与民族国家建设布局的过程中海权意识逐步苏醒。第四章"菲律宾海洋战略成形的背景及动因分析"，主要介绍了20世纪90年代初美国撤出在菲军事基地，菲律宾开始独立承担防卫任务。随着国内反叛任务的缓解，菲律宾的防卫重心由陆地向海洋转移，其海洋战略开始逐步成形。本部分还对菲律宾海洋战略成形的动因作了细致分析。第五章"菲律宾海洋战略目标与战略实施"，剖析了菲律宾的海洋战略目标、海洋法律主张，以及菲律宾的海洋管理结构与执法体制及其推行海洋战略的主要措施。第六章"菲律宾海洋战略的困境"，深度剖析了菲律宾海洋战略实施面临的"五大困境"，即"战略设想与战略能力的矛盾"、"国内平叛与国土防御的矛盾"、"海洋大战略与国内家族政治的矛盾"、"借重外国与民族自主的矛盾"以及"合纵与连横政策选择之间的矛盾"。

第一章　古国时代的菲律宾与海洋

　　古代菲律宾群岛上曾断断续续有过若干小国，它们的历史或长或短，但整个群岛从未有过统一的国家。这些小国均与大海有密切联系，它们正是跨越大海，借海出场，尤其是与文明古国中国接触，才留下了最早的历史记录。

第一节　菲律宾古国靠海为生因海出场

　　菲律宾群岛本无原住民，今天菲岛发现的最早人类化石及活动遗迹均是外来移民遗留下的。在菲律宾西南部的巴拉望岛（Palawan），曾挖出25万年前的人类头骨化石，被称为"巴拉望人"。"巴拉望人"为猿人，来自亚洲大陆。[1] 他们又被称为"黎明人"，开启了菲律宾的"黎明时代"，他们在冰河时代末期全部灭绝。[2] 根据美国著名人类学家拜尔（Beyer）教授的研究，从旧石器时代后期到后金属时代初期（25万年前至公元前200年），大批移民跨越阻

---

[1] 陈烈甫：《马可仕治下的菲律宾》，台湾商务印书馆，1983年版，第22页。
[2] [菲]赛义德：《菲律宾共和国：历史、政府与文明》，商务印书馆，1979年版，第43页。

碍进入菲律宾群岛,共有7次之多,史称"7次移民高潮"。① 他们来到菲律宾群岛的方式,可能包括通过"陆桥"(陆地走廊)② 与直接渡海。

"黎明人"(猿人)之后,移入菲律宾的为属现代人的尼格利陀人(Negritos,又称为黑矮人,黑色人种)。他们大约于 2.5 万年前,从亚洲大陆中部向南移动,经过连接菲律宾的"陆桥"移来。③ 另有一说,认为是从南方的澳大利亚大陆或者是印度次大陆经过陆地走廊迁移到群岛上的。④ 他们到来以后又过了若干世纪,巨大的冰川溶化了。海水因此上涨,淹没了连接菲律宾与大陆的陆桥。⑤ 此后来到菲律宾的移民,均需跨越大海。"不顾恶劣的天气勇敢地跨越吉凶难卜的海洋",⑥ 一波又一波的移民登上菲岛。

尼格利陀人(黑矮人)为菲岛的原始主人,文化属于旧石器时期。后来由于有文化较高、武力较强的民族移入,尼格利陀人不能立足于平地,只好退处山林。尼格利陀人现仅有大约 2.5 万人,散处于中吕宋山区。在尼格利陀人之后,是印度尼西亚族人(两批)移入。时间为 8000 年前至 3000 年前,前后约 5000 年。这时陆地走廊已为海水淹没,他们移入的工具为竹筏或木排。他们散处菲律宾南部岛屿山间,经营简单农业,文化属于新石器时期。现在这一族仅有大约 25 万人,已是一个影响甚微的少数民族。⑦

其后,是马来族人(三批)迁来。时间开始于公元前 200 年,

---

① 马燕冰、黄莺:《菲律宾》,社会科学出版社,2007年版,第77页。
② 一些历史学家认为,在远古的冰河时期,曾有连接菲律宾群岛、马来半岛和印度尼西亚群岛的"大陆桥"。大约2.5万年前因为世界冰川融化而海面增高,以致淹没了连结菲律宾与亚洲大陆的陆地桥。就这样,菲律宾就与亚洲大陆分开了。参见赛义德著《菲律宾共和国:历史、政府与文明》(商务印书馆,1979年版)第一章。
③ 陈烈甫:《马可仕治下的菲律宾》,台湾商务印书馆,1983年版,第23页。
④ 古小松:《东南亚:历史、现状、前瞻》,世界图书出版公司,2013年版,第262页。
⑤ [菲]赛义德:《菲律宾共和国:历史、政府与文明》,商务印书馆,1979年版,第44页。
⑥ [澳]约翰·芬斯顿:《东南亚政府与政治》,北京大学出版社,2007年版,第231页。
⑦ 陈烈甫:《马可仕治下的菲律宾》,台湾商务印书馆,1983年版,第23页。

至公元1500年，前后1700年。马来人逐步成长为今天菲律宾群岛的主体民族，包括他加禄人（约占菲律宾人口的29%，他加禄语被确定为今天菲律宾国语）、米沙鄢人（约占菲律宾人口的39%）。在他加禄语里，"他加禄"一词的原意是同山民（黑矮人被挤到山里）相对的水民。① 马来人是跨海而来，公元前后大量移居菲律宾的马来人来时乘着有舷外支架的独木小舟，该舟他们叫"巴朗盖"（barangay，也有译作"巴朗加"），② 他们到菲律宾的社会组织形式也叫"巴朗盖"（村落）。其间，印度人、中国人、阿拉伯人也不断迁入，逐步形成菲律宾群岛以马来人为主体各民族混居的复杂局面。

通过解读现有文献，可以得出这一判断：古代的菲律宾人正是克服了大海的阻碍，与文明世界接触，尤其是与文明古国中国接触，才留下了确切的最早文字记载。

当然，由于海洋阻隔和古代生产力发展程度的限制，菲律宾在历史上正式出场比较晚。菲律宾历史学家赛义德认为，菲律宾历史上最早明确记入中国史书的是古国Ma-i（麻逸），时间为13世纪的南宋。他说："Ma-i一名最早见于中国文稿《诸蕃志》（关于外国的记载），作于公元1242年与1258年间，作者为福建海外贸易监督赵汝适。"③ 赛义德所讲Ma-i（麻逸）最早明确记入中国史书，确实不错，不过时间要早于他所说的南宋，而是10世纪的北宋。据脱脱纂《宋史》记载："（开宝）四年（971），置市舶司于广州。后又于杭、明州置司，凡大食、古逻、阇婆、占城、勃泥、麻逸、三佛齐诸蕃并通贸易。"④《宋史》"阇婆传"又云："又有摩逸国，太平兴国七年（982），载宝货至广州海岸"。⑤ 可以说，菲律宾古国与

---

① ［美］约翰·卡迪：《东南亚历史发展》，上海译文出版社，1985年版，第294页。
② Martin J. Noone S. S. C., *General History of the Philippines*, Part 1, VOL. 1, Manila, Historical Conservation Society, 1986.
③ ［菲］赛义德：《菲律宾共和国：历史、政府与文明》，商务印书馆，1979年版，第8页。
④ 脱脱：《宋史》卷一八六，《食货志·互市舶法》。
⑤ 脱脱：《宋史》卷四八九，《阇婆传》。

中国有确切交往的纪年为公元982年。菲律宾本土留下的带传说性的史话，比这要晚数百年。如班乃岛的民间史话《马拉塔斯》，①叙述了大约在1250年，婆罗洲大督们在普蒂大督的带领下（连普蒂在内共10名大督），前往班乃和塔尔（八大雁）开拓的故事。②因此，关于菲律宾的史实，公元10世纪的情况能够知道一点，至于10世纪以前的情况则所知甚少，很难讲清。

西方人对菲律宾的记载更晚，是近代以来的事情。葡萄牙人皮列士于1512—1515年在马六甲，撰写了一本游记《东方志：从红海到中国》，里面写到了吕宋岛的情况："吕宋距渤泥约十天航程。他们几乎都是异教徒；他们没有国王，但有成群的老者统治。"③渤泥就是今天的文莱一带，按当时的交通状况，吕宋与渤泥有十天航程。这是菲律宾在历史上第一次进入西方人的视野。又过去数年，麦哲伦率领的西班牙船队才来到了菲律宾群岛。登陆时间为1521年3月17日，登陆地点在萨马岛的莱特湾口。在西班牙人到来之前，在现在的菲律宾群岛的区域内，从未产生过统一的古代国家。

公元10世纪以前，在东南亚其他地方出现早期国家之时，由于生产力发展程度和航海技术的限制，菲律宾群岛与周边地区的交流很少，整个群岛地区处于一个相对独立而又发展滞缓的阶段。由于群岛分布面积过于辽阔，缺乏海上交通工具，仅靠小型木船联络，又加上各种族团体间的隔阂，沟通体系无法建立起来，散漫的马来人只能各以家族部落为活动范围。④根据中国史籍，到了10世纪以后，菲律宾群岛上先后出现了分布在不同地区的一些古代小国，但

---

① 据菲律宾学者考证，《马拉塔斯》是根据口头传说于20世纪初整理完成。据说完成于1433年的《卡郎提奥法典》，根据考证更是一部赝品。参见金应熙主编：《菲律宾史》（河南大学出版社，1990年版）第48页、邱普艳著：《西属菲律宾前期殖民统治制度研究：从征服到17世纪中期》（云南美术出版社，2013年版）第23页。
② ［菲］赛义德：《菲律宾共和国：历史、政府与文明》，商务印书馆，1979年版，第48、55页。
③ ［葡］皮列士：《东方志：从红海到中国》，江苏教育出版社，2005年版，第103页。
④ 陈鸿瑜：《菲律宾政治发展》，台湾商务印书馆，1980年版，第242页。

仍没有出现统一的政权组织形式,也没有出现过一个在整个群岛地区具有重要影响力的古代国家。这些古代小国的产生和灭亡没有详细的记载,有的只是不同时期、不同学者留下的见闻和游记。① 根据历史学家的研究,菲律宾早期社会的组织形式为"巴朗盖",西班牙入侵前的菲律宾群岛的最基本单位是一个个大大小小的"巴朗盖",因此可称为"巴朗盖社会"。② "巴朗盖"的内部成员基本上都属于同一个亲属团体,相互之间都是亲属关系。③ "巴朗盖"的首领称为"datu"(译作"大督"、"达图"或者"罗阇")。一个"巴朗盖"通常由 30-100 个家庭组成,人口 100—500 人,有少至二三十人的,也有多至 2000 户的,④ 但比较少。"巴朗盖"多在沿海或沿河地区。⑤ 菲律宾历史学家赛义德在其著作中,曾对菲语 barangay("巴朗盖")用英语作了标注,为"village kingdom",即"乡村王国"。⑥ 因此,基本可以推定,中国史籍记载的菲律宾古代小国,很可能就是在这些"巴朗盖"基础上形成的一个个"村国"(巴朗盖联盟)。《诸蕃志》对"麻逸国"(Ma-i)规模的描述,很是形象:"团聚千余家,夹溪而居。"其规模,就相当于中国华北平原上一个五六千人的大村而已。只不过"这个大村"中间有溪流穿过并且靠海,是个交通便利的贸易中心和商品集散地。麻逸国最多就是在巴朗盖基础上形成的村社联盟,由"酋长"统治管理。再看《皇明象胥录》对

---

① 梁志明:《东南亚古代史》,北京大学出版社,2013 年版,第 488 页。

② Renato Constantino, *A History of the Philippines*: *From The Spanish Colonization to the Second World War*, New York, Monthly Review Press, 1975, p. 24.

③ 邱普艳:《西属菲律宾前期殖民统治制度研究:从征服到 17 世纪中期》,云南美术出版社,2013 年版,第 32 页。

④ 菲律宾历史学家赛义德指出,在西班牙时代以前,菲律宾群岛有少数"巴朗加"较大(或者是巴朗加联盟),例如宿务(Cebu 古名 Sugbu)、马克坦(Maktan)、马尼拉(Maynilad)、维甘(Bigan)等,当时就各有 2000 多家居民。见《菲律宾共和国:历史、政府与文明》,商务印书馆,1979 年版,第 92 页。

⑤ 李涛、陈丙先:《菲律宾概论》,世界图书出版公司,2012 年版,第 90 页。

⑥ [菲] 赛义德:《菲律宾共和国:历史、政府与文明》,商务印书馆,1979 年版,第 17 页。

"苏禄国"规模的描述:"今贾舶所至城,颇据天险,疑峒王所都,聚落不满千家。"① 据成书于万历四十五年(公元1517年)的《东西洋考》记载,明永乐年间,苏禄东王、西王和峒王三王"各率其妻子酋目来朝","三王东王为长,西王亚之,峒王又亚之"。② 可以认定,苏禄峒王那块的规模也就"不满千家"而已。

中国宋代史籍记载的菲律宾小国有麻逸、三屿、白蒲延、蒲端等10个;元代史籍载有苏禄、麻逸、三屿、蒲端、麻里噜、民多朗等12个;明代史籍记载的则有苏禄、吕宋、合猫里、冯嘉施兰、沙瑶等9个。宋元史籍记载的菲律宾小国除苏禄外,到明代均已不存在。当然,明代菲律宾又新增吕宋、冯嘉施兰等小国。苏禄一直存在到19世纪中叶,是菲律宾历史最长的古代小国。

综合来讲,在菲律宾古国记载中,以麻逸、吕宋和苏禄三者最为有名,且情况比较清晰全面。③ 这三小国在菲律宾历史上最为重要,且贸易发达,与大海有紧密联系。

第二节 擅长海贸的"麻逸"与"吕宋"

"麻逸国"(Ma-i,Mait)又称"摩逸国",是中国古籍中最早提到的菲律宾地名。有关麻逸同中国交往的记载,最早是在公元982年。《宋史》卷四八九云:"又有摩逸国,太平兴国七年(982),载宝货至广州海岸。"其他有关记载,皆没有提到具体年代。④ 《诸蕃志》对麻逸国的描述如下:

---

① (明)茅瑞徵:《皇明象胥录》,卷四《苏禄》。
② (明)张燮:《东西洋考》,卷五《苏禄传》。
③ 梁志明:《东南亚古代史》,北京大学出版社,2013年版,第490页。
④ 梁志明:《东南亚古代史》,北京大学出版社,2013年版,第491页。

麻逸国，在渤泥之北；团聚千余家，夹溪而居。土人披布如被，或腰布蔽体。有铜佛像，散布草野，不知所自。盗少至其境。商舶入港，驻于官场前。官场者，其国阛阓之所也；登舟与之杂处。酋长日用白伞，故商人必赍以为贽。交易之例，蛮贾丛至，随〈筿皮〉篛搬取物货而去。初若不可晓，徐辨认搬货之人，亦无遗失。蛮贾乃以其货转入他岛屿贸易，率至八、九月始归。以其所得准偿舶商，亦有过期不归者，故贩麻逸舶回最晚。……土产黄蜡、吉贝、真珠、玳瑁、药、槟榔、于达布，商人用甆器、货金、铁鼎、乌铅、五色琉璃珠、铁针等博易。①

　　关于麻逸国的位置有争议，《诸蕃志》讲得比较笼统，"麻逸国，在渤泥②之北"，仅指出了大体方位。民国学者冯承钧先生认为，"麻逸是 Mait 之对音，犹言黑人之国，指菲律宾群岛中之 Mindaro 岛（民都洛岛）。"③ 菲律宾学者吴文焕先生认为，麻逸故地应在今吕宋岛南部内湖省。④ 从地理上说，民都洛岛与内湖省比较靠近。麻逸国的地域很可能主要在民都洛岛，但也可能包括了吕宋岛西南部的一些地区。⑤ 根据《宋史》和《文献通考》的记载，麻逸国的存在时间约在公元 10—14 世纪之间。这个国家贸易发达，不仅在菲律宾各岛之间用竹排进行贸易往来，还频繁开展海外贸易，其商船曾到达

---

① （宋）赵汝适：《诸蕃志》之《麻逸国》条。
② "渤泥"位于东南亚加里曼丹岛北部地区，即今日文莱达鲁萨兰国。
③ 冯承钧：《中国南洋交通史》，上海世纪出版集团，2012 年版，第 48 页。
④ 吴文焕：《中国古籍中菲律宾地名考证》，《北大史学》第 9 期，北京大学出版社，2003 年版。
⑤ 梁志明：《东南亚古代史》，北京大学出版社，2013 年版，第 205 页。

中国广州进行易货贸易。①《诸蕃志》对华商与麻逸国人的交易方式作了形象描述：华商舶船入港后，即将货物赊给"蛮贾"，待"蛮贾"将货物转贩他岛后，再"以其所得准偿舶商"。麻逸国人诚实守信，这一交易过程总体比较可靠。可以说，麻逸是菲律宾北部地区的贸易中心和商品集散地，同附近各岛及海外的贸易相当密切。麻逸居民以土产黄蜡、珍珠、槟榔等交换中国瓷器和铁器。麻逸国的制盐、酿酒、织布等手工业也很发达。到明代，中国史籍中未再提及麻逸，但中国船只仍经常到民都洛岛贸易。

吕宋（Luzon），是较晚出现的菲律宾古国之一，故地在今吕宋岛马尼拉至八大雁一带。②吕宋盛产黄金，物产丰饶，贸易繁荣。曾于1372年（明洪武五年）至1410年（明永乐八年）间3次遣使访问中国，明朝也于1405年遣使报聘。十五六世纪，中国东南沿海商民同吕宋的交往相当频繁，开始有华侨留居吕宋。《明史》《吕宋传》云："吕宋居南海中，去漳州甚近。……先是闽人以其地近，且饶富商，贩者至数万人，往往久居不返，至长子孙。"③这里的"贩者至数万人"，数字可能夸大。④1571年5月，西班牙殖民者黎牙实比（或译作累加斯皮）登陆马尼拉时，此地有中国居民150人。⑤当时，每年3月，大约30—40只帆船从中国开来，在马尼拉港抛锚，带来生丝、金银线、绣花织物、瓷器、精美陶器、活家禽以及别的中国货物。大约在5月底，中国帆船离开马尼拉港以避台风季节，从而保证安全回航。菲律宾历史学家赛义德描述道："早期的西班牙人问在马尼拉的中国买卖人：你们是谁？后者回答：'商旅'（华人是'行商'）。不懂华语的西班牙人以为这名词指中国人的国籍，因

---

① 马燕冰、黄莺：《菲律宾》，社会科学出版社，2007年版，第82页。
② 梁志明：《东南亚古代史》，北京大学出版社，2013年版，第492页。
③ 《明史》，卷三二三《吕宋传》。
④ 李涛、陈丙先：《菲律宾概论》，世界图书出版公司，2012年版，第398页。
⑤ [菲]赛义德：《菲律宾共和国：历史、政府与文明》，商务印书馆，1979年版，第209页。

此，他们便把'商旅'这名称用在一切中国人身上。"① 这也说明，以马尼拉为中心的吕宋海贸发达，是个做买卖的好地方。

由于葡萄牙和西班牙人有直接目击，他们对到达吕宋等地后的描述可能更为真实、准确。葡萄牙人皮列士在《东方志》中写道："吕宋距渤泥约十天航程。他们几乎都是异教徒；他们没有国王，但有成群的老者统治。"② 说明16世纪初的吕宋，在国家形态上还比较落后。但这个小国与中国及周边的渤泥、马六甲等地海贸发达。吕宋人擅长经商，"他们把商品运到渤泥，从那里到马六甲。""渤泥人到吕宋各地去购买黄金，还有食物，他们运到马六甲的金子来自吕宋及无数邻近的岛屿，而且他们多少相互进行贸易。""吕宋人在他们国内有充足的食物、蜡和蜜；他们从这里收买的商品和渤泥人收买的一样。他们几乎是一个民族；在马六甲，他们之间并无差别。他们从来没有像今天这样出现在马六甲；而印度总督任命的这里的土蒙戈（Tomunguo，地方官长）已开始把他们中的许多召集在一起，他们已修建了许多房屋和商店。"③ 已有相当数量的吕宋人在马六甲活动，甚至建立了商业中心。另外，"在敏占（地近马六甲），必定有五百吕宋人，其中有的是重要人物和好商人，他们要去马六甲，但敏占的百姓不允许他们去，因为他们现在不很公开地倒向马六甲以前的国王。敏占的百姓是马来人。"④ 说明在敏占，吕宋人也有一定影响。

可以说，海上往来与海上贸易，无论是对"麻逸"还是"吕宋"，均非常重要，甚至是他们的基本生存方式之一。

16世纪初，渤泥（文莱）的穆斯林商人就将伊斯兰教带到了吕

---

① ［菲］赛义德：《菲律宾共和国：历史、政府与文明》，商务印书馆，1979年版，第200页。
② ［葡］皮列士：《东方志：从红海到中国》，江苏教育出版社，2005年版，第103页。
③ ［葡］皮列士：《东方志：从红海到中国》，江苏教育出版社，2005年版，第103、104页。
④ ［葡］皮列士：《东方志：从红海到中国》，江苏教育出版社，2005年版，第104页。

宋岛，至 1565 年西班牙殖民者到达菲律宾中部的宿务时，马尼拉和汤多已受到穆斯林首领的控制。西班牙的入侵，在马尼拉一带遇到顽强抵抗。在罗阇（大督）苏莱曼的指挥下，马尼拉奋勇抵御西班牙的侵略。1571 年 6 月 3 日苏莱曼在海战中阵亡。其后吕宋逐步为西班牙所征服。当时，伊斯兰教在吕宋的传播尚不深入，真正的穆斯林只囿于统治阶层，当地人民正处于接受伊斯兰教的过程中。正是西班牙人的入侵打断了这一进程，吕宋的穆斯林势力在西班牙人的进攻下被迫退至棉兰老和苏禄。① 菲律宾中北部人民由于伊斯兰化不深，很快在西班牙人的影响下改信天主教，赛义德就指出："如果不是西班牙人的到来，伊斯兰教早已传遍菲律宾群岛了。"② 西方殖民者的到来，为菲律宾群岛添加了许多新的元素，打断了菲律宾的自然发展进程。

第三节 海上强国"苏禄"

苏禄（Sulu）最早见于元代史籍《大德南海志》（成书于 1304 年），原作"苏录"。汪大渊撰《岛夷志略》译作"苏禄"，后沿用至今。苏禄故地就在今天的苏禄群岛。苏禄约存在于 14 世纪初至 19 世纪中叶，是菲律宾群岛上历史最长，也是中国古籍中记载最多的古国。③《岛夷志略》记载，苏禄土产有黄蜡、玳瑁、珍珠等。尤其是珍珠非常有名，在中国畅销。"苏禄之珠色青白而圆，其价甚昂，

---

① 陈衍德、彭慧等：《全球化进程中的东南亚民族问题研究》，厦门大学出版社，2008 年版，第 199—200 页。
② ［菲］赛义德：《菲律宾共和国：历史、政府与文明》，商务印书馆，1979 年版，第 241 页。
③ 梁志明：《东南亚古代史》，北京大学出版社，2013 年版，第 492 页。

中国人首饰用之。其色不退，号为绝品，有径寸者。"① 与菲律宾群岛上其他小国相比，苏禄与中国交往最多。据《明史》记载，永乐十五年（公元1417年），苏禄国东王、西王等"率其家属头目凡三百四十余人浮海朝贡"，"献珍珠、宝石、玳瑁诸物"。得到明庭的封赏。还归途中，东王客死德州。其后，永乐十八年（1420）、十九年（1421）、二十二年（1424）又三次入贡，"自后不复至"。《明史》还讲："其国于古无所考，地瘠，寡粟麦，民率食鱼虾。煮海为盐，酿蔗为酒，织竹为布。气候常热。有珠池，夜望之，光浮水面。土人以珠与华人市易，大者利数十倍。商舶将返，辄留数人为质，冀其再来。"② 此段是对苏禄的地理特点与生存方式的生动说明。"地瘠，寡粟麦"，苏禄就凭借海洋优势，靠海吃海，形成借助海贸并以海上活动为主的生存方式。当地一些族群，如依拉农人（Rranun，也译作"伊让努"）和巴兰金吉人（Balangingi，或译为"巴朗金吉"）就成为南洋一带赫赫有名的海上族群。他们长年漂浮在海上，来无踪去无影，他们把海上交易与海上劫掠结合在一起。今天，东南亚一带海盗仍盛行，就与这一传统高度相关。

与菲律宾其他地区一样，此时的菲律宾南部各岛，特别是苏禄和棉兰老岛已经和邻近的国家和地区建立了获利颇丰的贸易关系。霍洛岛（或译作"和乐岛"，苏禄王国的中心地带）和哥达巴都已成为区域贸易中心，红海的阿拉伯世界也与菲律宾南部建立了贸易关系，据推算阿拉伯商人早在13世纪末已在这里建立了定居点，他们的活动为伊斯兰教在菲律宾的传播奠定了基础。③

公元14世纪，伊斯兰教传入苏禄群岛，随后苏禄建立起苏丹统治下的国家。由于苏禄地处棉兰老和加里曼丹之间，隔海就是加里

---

① （元）汪大渊：《岛夷志略》之《苏禄》条。
② 《明史》卷三二五《苏禄传》。
③ 陈衍德、彭慧等：《全球化进程中的东南亚民族问题研究》，厦门大学出版社，2008年版，第198页。

曼丹的沙巴地区，其最早的穆斯林是来自加里曼丹的马来穆斯林移民。

苏禄苏丹以伊斯兰教法为依据进行统治。国家政权实行政教合一，苏丹是政治上和宗教上的最高领袖，苏丹之下是以大督（达图）为首的一群贵族官员，他们协助苏丹处理一切行政事务。全国分为若干个区，各区的最高长官为"邦格利马"（Panglima）。基层行政单位是村庄，设一名村长治理。从中央到地方都有专职司法官员，并已建立法庭、警察等强制机构，法律则由苏丹的宗教顾问主持制定。[1] 如此看来，苏禄是菲律宾群岛上国家形态最为成型的古代国家。政教合一的伊斯兰制度，使菲律宾南部苏禄等地从原来分散落后的"巴朗盖"社会发展成为早期的封建制集权国家。中央集权的统治方式加强了控制，为持久抵御外来侵略奠定了基础。相形之下，菲律宾中北部分散的村落极易被各个击破，吕宋和比萨扬因而很快沦为西班牙的殖民地。[2]

在相当长的时期内，苏禄成为东南亚海上活动与海上贸易强国，其鼎盛时期的影响力一直延伸到巴西兰、婆罗洲及苏门答腊等地。另外，苏禄也是东南亚海盗活动的大本营之一。在苏禄群岛上，房子形式是搭在桩子上的高脚屋，高高架在水面之上，只能驾船进出。当地依拉农（Rranun）、巴兰金吉（Balangingi）以及图索（Tausog）的土著们，建立了一个大规模且极有组织的海上劫掠团体，活动范围涵盖整个东南亚地区，包括泰国和越南沿岸地区。这些在海上活动的族群，循着被称为"海盗风"（pirate wind）的季风，以固定的路线来往海上。冬季时，他们从位于苏禄群岛的根据地出发，循着东北季风（northeast monsoon）来到西里伯斯海（Celebes Sea）、婆罗洲（Borneo）、爪哇、苏门答腊和马六甲等地。夏秋季则乘着西南

---

[1] 梁志明：《东南亚古代史》，北京大学出版社，2013年版，第493页。
[2] 陈衍德、彭慧等：《全球化进程中的东南亚民族问题研究》，厦门大学出版社，2008年版，第200页。

季风（southwest monsoon）回到他们在苏禄群岛的基地。① 有时一次出航可长达三年。他们使用的船只是双层的帕拉虎帆船（prahu），这种船的船身由木板拼接到龙骨上，不需要钉子和木框固定，船不用时可以拆卸。② 这种船只最大的长约100英尺，可以容纳50名到80名战士及约100名左右划船的水手。苏禄海上活动集团通常以20艘到50艘的船只为一队，一起行动；偶尔一队会多达200多艘船，有数千人之多。在海上劫掠活动中被抓到的俘虏们，或以交换的方式、或以买卖的方式沦为奴隶。③ 从事海上劫掠活动，是苏禄依拉农人和巴兰金吉人的传统，年轻人更是趋之若鹜。由于支持海上劫掠，苏丹、王子等贵族也可从中分得一定的战利品。海盗头目在当地社会非常有权势与地位，受人尊重。巴兰金吉人因盘踞在苏禄群岛的巴兰金吉岛（Balangingi）而得名。他们在附近的巴西兰（Basilan）、宾纳但（Binadan）和塔威塔威（Tawi Tawi）等岛也有据点。巴兰金吉人海盗集团强盛时，拥有150艘战船，大约6000名海盗。④ 海盗活动成了权力和财富的来源，因为它使苏禄苏丹以抢夺奴隶的方式获得人口，这些人口在相当长的时期内可以用来维持它与婆罗洲和中国之间的贸易。⑤ 苏禄首府和乐（Jolo）素有"东方的阿尔及尔"（Algiers of the East）之称，在18世纪末，它既是海上活动集团货物集散交易市场，也是整个东南亚地区的奴隶交易中心，更是他们海上劫掠活动的基地。⑥ 海上活动集团返航后，常带着满船的战利品和

---

① Owen Rutter, *The Pirate Wind*: *Tales of the Sea-Robbers of Malaya*, Singapore: Oxford University Press, 1930, pp. 28-29.
② 许可：《当代东南亚海盗研究》，厦门大学出版社，2009年版，第25页。
③ ［美］安乐博：《海上风云：南中国海的海盗及其不法活动》，中国社会科学出版社，2013年版，第107页。
④ 许可：《当代东南亚海盗研究》，厦门大学出版社，2009年版，第22、24页。
⑤ ［新西兰］尼古拉斯·塔林：《剑桥东南亚史》第2卷，云南人民出版社，2003年版，第49页。
⑥ Owen Rutter, *The Pirate Wind*: *Tales of the Sea-Robbers of Malaya*, Singapore: Oxford University Press, 1930, p. 29.

奴隶,来这儿交易;然后,再从中国商人和布吉士(Bugis)商人处,买来所需的补给。从公元1770年到公元1870年,大约有30万名俘虏,被苏禄海上活动集团带到这儿来交易。和乐是一个自由公开市场,在此地的所有交易都无需缴纳任何费用。欧洲人、中国人或布吉士人(Bugis)都可以到这里来做买卖。① 在这里,商业贸易、奴隶买卖和海上劫掠,本质相同、互补互成。

总体来看,在西班牙殖民者到来之前,菲律宾群岛尚处较为落后的发展阶段,菲岛居民"住在各自的巴朗加(巴朗盖)里,效忠于他们的大督,服从其口头的与成文的法律。他们并没有象古希腊城市国家的政府,因为在西班牙时代以前的菲律宾人还没有形成一个民族国家。"② 在菲律宾群岛曾经的古代小国中,唯有苏禄的国家形态与政权结构最为成型。麻逸与吕宋均擅长海贸,苏禄的经济基础更是以海上活动为主(无论合法还是非法)。在相当长的时期内,苏禄是南洋一带最为活跃的海上力量之一。

第四节　南洋地区的"海上丛林时代"

南洋是以中国为中心的地理概念,是明、清时期对东南亚一带的称呼。它包括马来群岛、菲律宾群岛、印度尼西亚群岛,以及中南半岛沿海与马来半岛等地。南洋以南中国海为中心,自古以来就是海上活动频繁的区域。这片海区,北接东海,南通苏禄海(Sulu Sea)、西里伯斯海(Celebes Sea)、爪哇海(Java Sea)、班达海

---

① [美] 安乐博:《海上风云:南中国海的海盗及其不法活动》,中国社会科学出版社,2013年版,第108页。
② [菲] 赛义德:《菲律宾共和国:历史、政府与文明》,商务印书馆,1979年版,第91页。

（Banda Sea），东连太平洋，西接印度洋。这片水域，又由蜿蜒崎岖的沿海地区和细碎繁多的岛屿而分割成马六甲海峡、巽他海峡（Sunda Strait）、龙目海峡（Lombok Strait）等狭窄的水上通道。今天这一地区的海上国家，有菲律宾、印度尼西亚、马来西亚、新加坡、文莱等。古代这一地区更是有星罗棋布的众多小国。

　　古往今来，水上交通是这一区域的命脉与交往的基本方式。在16世纪西方探险家来到之前，这里已是全世界最繁忙的水道之一。[①] 地理大发现及航海时代的到来，使得这片水域更成为从欧洲到亚洲的捷径，成为国际往来通商的主要管道。

　　南洋一带，水域广阔，"疆界模糊不清，汪洋一片，没有界限作为标志"。[②] 长久以来任何人，无论是本地人或是外地人，都可以利用这片水域从事各类的海上活动，或通商横渡，或交流贸易等。这片区域，既是个分裂纷争的地区，也是个聚集结合的地区。它的水域崎岖、地形多变、人种复杂、语言奇异，并且深受多元文化的影响，除了有东南亚本土文化外，还有中国文化、印度文化、非洲文化、欧洲文化等。另外，它也是欧洲与亚洲各种奇珍异宝物资交流的中心，以及欧洲宗教文化等向亚洲传输流通的必经之地。兼具多元样貌、相连而又隔阂的矛盾特性，是这一地区的重要特性。[③] 这一带的马来人（菲律宾是以马来人为主体），自古以来擅长海上活动。菲律宾历史学家赛义德指出："在公元前不久，游荡于海上的马来人离开了他们在东南亚的祖居，乘着他们的舷外帆船，向海外寻求新地。他们航行在浩瀚无际的未经探查和制图的太平洋上，发现许多新岛并在那儿殖民：北面直至朝鲜和日本南部，东面远至波利尼西

---

① ［美］安乐博：《海上风云：南中国海的海盗及其不法活动》，中国社会科学出版社，2013年版，第7页。
② Eric Tagliacozzo, *Secret Trades, Porous Borders*: Smuggling and States along a Southeast Asian Frontier, 1865—1915, New Hawen: Yale University Press, 2005.
③ ［美］安乐博：《海上风云：南中国海的海盗及其不法活动》，中国社会科学出版社，2013年版，第10页。

亚，南面直到非洲和马达加斯加岛。他们的未经写入史册、没有被人歌颂的海上探险，感动了一个英国东方学者科温，他写道：'马来人真正是东方的腓尼基人，而且分明比闪密族的航海者跑得更远，他们的大洋上的自由活动余地给了他们比地中海和红海沿岸更大的眼界。'"①

自古以来，南洋一带就是各方海上交往、辐辏之地。阿拉伯商人乘船东来，中国商人则乘船南下。总体看来，中国一直是这一地区发展的主要动力。大量中国商船，在冬季利用东北季风，向南航行到东南亚的沿海港口。翌年夏季，则乘西南季风从东南亚地区回国。② 如此循环往复，互通有无，就带动了这一带的经济增长与商业繁荣。16世纪和17世纪，海上活动在全球各地展开，成为西方各国海外政策及萌芽中的全球贸易中重要的一环。欧洲人到来以后，他们挑选的殖民据点都在中国船只往来东南亚贸易的路线上。像新加坡、马尼拉与巴达维亚（Batavia，1942年改称"雅加达"）等与西方往来的贸易港口"之所以存在，也是因为与中国人的贸易"。③

当然，海上活动与陆上交往往往有很大不同。对许多人而言，大海是个没有法纪，处于文明教化之外的区域。海上的一些行为（如劫掠性的海盗司空见惯），与陆地上的习惯大相径庭，且在陆地上往往是不被允许的。交通便利的南洋地区，长久以来，合法活动与非法活动、正常贸易与打抢劫掠就搅和在了一起。美国学者维利尔斯（Villiers）指出，"海盗这个行业与航海业一样古老。曾经跨坐在漂浮的圆木上的第一个人可能把坐在另一根圆木上的第二个人打

---

① ［菲］赛义德：《菲律宾共和国：历史、政府与文明》，商务印书馆，1979年版，第46—47页。
② 许可：《当代东南亚海盗研究》，厦门大学出版社，2009年版，第11页。
③ ［美］安乐博：《海上风云：南中国海的海盗及其不法活动》，中国社会科学出版社，2013年版，第13页。

下来。海盗行为就这样开始,并一直持续下去。"[①] 另外,进入南洋地区的西方殖民势力之间,也有摩擦和冲突,导致没有任何一个势力可以单独控制这一地区及其相邻的海域和航线。西方国家入侵所造成的当地国家的衰弱,也是东南亚海盗滋生的重要原因。[②] 况且,南洋原本就有许多相互竞争的土著王国和部落,它们彼此的海上互相掠夺,更是一种根深蒂固的文化习俗与生活方式。在这里,海上劫掠甚至是一种英勇高尚的行为和风俗。参与劫掠活动的人也不是生活在社会底层、对社会不满的异端或不法之徒。实际上,许多是当地极有身份地位的人。他们的行为,不仅为他们在各自的族群中赢得荣誉与地位,还被推崇为勇气与坚韧的楷模。当地人甚至认为"贸易"是一种以"劫掠"为基础的交易方式,而不是以"交换"为基础的交易方式。[③] 有美国学者指出,15世纪下半叶,在郑和的最后一次航行后,中国明朝从印度洋和太平洋撤出,导致海上聚集着成千上万的来自不同国家的海盗。[④] 南中国海及周边海区,在海盗活动的全盛时期,海盗多达几十万人。从1520年到1850年,约有一半以上的时间,南中国海及南洋一带海域都处于海盗的控制之下。[⑤]

据安乐博教授研究,1750—1850年,南中国海周边有三大海上活动中心(合法与非法活动交织在一起):一是中越边境的江坪(今广西江平镇),这里有一批中国人与安南的西山兄弟集团合作,

---

[①] Alan Villiers, *Monsoon Seas: The Story of the Indian Ocean*, New York: MC Graw Hill, 1952, p. 208.

[②] [新西兰]尼古拉斯·塔林:《剑桥东南亚史》第2卷,云南人民出版社,2003年版,第48页。

[③] [美]安乐博:《海上风云:南中国海的海盗及其不法活动》,中国社会科学出版社,2013年版,第92—93页。

[④] Jakub J. Grygiel, *Great Powers and Geopolitical Change*, Baltimore: John Hopkins University Press, 2006, p. 153.

[⑤] [美]安乐博:《海上风云:南中国海的海盗及其不法活动》,中国社会科学出版社,2013年版,第4—5页。

建立并不断扩张海上势力，他们春末夏初抢掠中国沿海，秋天过后就顺着季风下南洋开展活动；二是马来半岛尖段的廖内（Riau）、林加（Lingga）一带（也即传统的柔佛王国的中心，今为新加坡），这里有一群被称为"奥浪人"（Orang Laut）或"海上吉卜赛"（Sea Gypsies）的水上族群，长期飘荡在海上，行踪不定，他们穿梭在不同的岛屿之间做生意及伺机抢劫；[1] 三是苏禄群岛，是依拉农（Rranun）、巴兰金吉（Balangingi）等土著的海上交易中心和东南亚海盗的大本营之一。[2] 美国学者鲁布克指出，菲律宾南部的棉兰老岛和苏禄群岛的海盗小型舰队每年通过马六甲海峡环行。载着鸦片的快速帆船更是海盗们追求的目标。[3] 随着西方殖民势力的东来，尤其是英国在新加坡、荷兰在雅加达等地站稳脚跟以来，开始打击海上非法行为，认为海盗活动是正常贸易的障碍，镇压海盗将有助于在海上稳定法律和秩序。[4] 19世纪30年代，蒸汽推动力（蒸汽快艇）的出现使英国人和荷兰人在面对海盗时拥有优势。[5] 1848年西班牙从英国买来的第一批汽轮船开到了马尼拉湾。它们是"麦哲伦"号、"埃尔卡诺"号和"卡斯蒂拉女王"号。它们的到来响起了菲南穆斯林（苏禄、巴兰金吉的穆斯林在西方人眼里简直就是"疯狂的海盗"）海上优势的丧钟，因为这些汽轮船能够赶过最快的轻艇。[6] 不过，东南亚一带的海盗也发展出一些新的技术和方式来应对这些变化，这就是假扮乘客登上船只，寻找时机控船"绑架"。20世纪20

---

[1] L. A. Mills, *British Malaya, 1824—1867*, Kuala Lumpur: Oxford University Press, 1966, p. 223.

[2] ［美］安乐博：《海上风云：南中国海的海盗及其不法活动》，中国社会科学出版社，2013年版，第98—111页。

[3] Basil Lubbock, *The Opium Clippers*, Boston: Lauriat, 1933, pp. 8, 181.

[4] ［新西兰］尼古拉斯·塔林：《剑桥东南亚史》第2卷，云南人民出版社，2003年版，第48页。

[5] ［美］卡普兰：《季风：印度洋与美国权力的未来》，社会科学文献出版社，2013年版，第371页。

[6] ［菲］赛义德：《菲律宾共和国：历史、政府与文明》，商务印书馆，1979年版，第250—251页。

年代左右，在香港、新加坡、马尼拉、巴达维亚（后改称雅加达）等地，海盗肆意打劫绑架本地或外国船只的行为，差不多日有所闻，周有所报。① 由于打击海盗有相当的难度，时至今日，马六甲海峡一带的海盗活动仍甚为猖狂。近年，马来西亚、新加坡与印尼为对抗马六甲海峡的海盗威胁，而展开"空中之眼"（Eye in the Sky）联合空中巡逻行动。② 应该说，"海盗活动"与南洋一带的生存方式和悠久传统高度相关。

---

① ［美］安乐博：《海上风云：南中国海的海盗及其不法活动》，中国社会科学出版社，2013年版，第87、5页。
② 《同一海域三周来第三次 菲南武装分子截船掳绑四印尼船员》，联合早报网，2016年4月17日报道。

第二章　列强殖民与宗主国制海

在西方殖民者到达菲律宾群岛之前，菲律宾群岛从未形成一体的民族、统一的国家，岛民也无整体民族意识。当时，菲律宾群岛尚处"村国"阶段，"最大缺点是没有组合力，反映人民之间尚无民族精神。"[1] 菲岛的政治与文化发展非常落后，美国历史学家卡迪就指出：土著菲律宾人"在政治和艺术发展方面低于新大陆的印加人和阿兹蒂克人，然而正由于菲律宾人完全没有复杂的土著文化，所以比他们的美洲同时代人更能掌握新信仰（基督教）的实质"[2]。因此，初来乍到的西班牙殖民者，对菲律宾的"征服本身只用了最低限度的暴力就完成了。"[3] 菲岛居民在文化上仍像一张白纸，很快就被天主教同化了。甚至连"菲律宾"这一名称，都是外部赐予的。[4]

关于"菲律宾国家"的由来，还要从西班牙的殖民统治谈起。

---

[1] ［菲］赛义德：《菲律宾共和国：历史、政府与文明》，商务印书馆，1979年版，第104页。
[2] ［美］约翰·卡迪：《东南亚历史发展》，上海译文出版社，1985年版，第321页。
[3] ［美］约翰·卡迪：《东南亚历史发展》，上海译文出版社，1985年版，第293页。
[4] 1521年3月，麦哲伦率领西班牙探险船队登上了东南亚一片群岛，并宣布领有了这片群岛。作为献给他的资助者——西班牙国王（King Philip）的贡品，麦哲伦将这些岛屿命名为"菲律宾（Philippines）。

第一节　西班牙对菲律宾的占领及其"大帆船贸易"

1521年3月16日，麦哲伦探险船队的瞭望哨发现了高耸于水平线上的萨马高冈，① 这是菲律宾第一次进入西班牙殖民者的视野，是"菲律宾的再发现"。② 17日，船队在莱特湾口无人住的合茫夯（Homonhon）荒岛登陆。③ 这是欧洲人第一次沿着大西洋一直西向航行并最终登上亚洲的土地，西班牙终于开辟了一条通往东方的新航道。④ 但麦哲伦船队侵占菲律宾的行动并不成功，麦哲伦最终在与当地土人的战斗中死于非命。其后，1525年和1527年，西班牙人又相继组织了两次远征，均以失败告终。直到1564年11月21日，西班牙从墨西哥派出由黎牙实比（或译作累加斯皮）率领的远征队，才最终在菲律宾站住脚。1565年2月13日，远征队到达萨马岛附近。4月22日，开始向宿务进发。黎牙实比决心将宿务建成西班牙的第一个殖民据点，作为征服菲律宾的基地。6月4日，宿务首领图帕斯被迫与黎牙实比签订和约，承认西班牙的统治，⑤ 是菲律宾开始沦为

---

① G. F. Zaide, *The Pageant of Philippine History*: *Political*, *Economic*, *and Socio-Cultural*, Manila, Philippine Education Company, 1979, Vol. 1, p. 184.

② "菲律宾的再发现"是菲律宾历史学家赛义德的观点，他说："远在麦哲伦生下来之前，菲律宾群岛早已为菲律宾人民的祖先所发现了。对西方人来说，1521年麦哲伦来到菲律宾海岸是一个'发现'，但对亚洲人而言，那是一次'再发现'"。参见赛义德著：《菲律宾共和国：历史、政府与文明》，商务印书馆，1979年版，第106页。

③ ［菲］赛义德：《菲律宾共和国：历史、政府与文明》，商务印书馆，1979年版，第118页。

④ 李涛、陈丙先：《菲律宾概论》，世界图书出版公司，2012年版，第96页。

⑤ G. F. Zaide, *The Pageant of Philippine History*: *Political*, *Economic*, *and Socio-Cultural*, Manila, Philippine Education Company, 1979, Vol. 1, p. 237.

西班牙殖民地的标志。1569 年，黎牙实比在班乃岛建立第二个殖民据点，其后又在米沙鄢地区建立了一系列据点。1570 年 6 月，黎牙实比征服了马尼拉。马尼拉最终成为西班牙在菲律宾殖民统治的中心。到 1578 年，西班牙基本完成了对菲律宾中、北部地区的殖民征服，随后开始了向菲律宾南部的扩张，陆续在棉兰老一带的岛屿设立了一些殖民据点。[1] 西班牙在菲律宾的殖民统治基本确立。

西班牙在马尼拉建立了殖民地的中央政府，由总督代表西班牙国王进行统治。[2] 西班牙通过"分割征服"模式，在省、市一级建立起第一批西方的政治（行政）单位。除了谋求商业利益，西班牙人还向当地人传播天主教。西班牙政府和天主教教会就成为了菲律宾非常有势力的政治机构。[3] 省、市机构之下还有大小不等的城镇与村落。城镇与村落都是在先前的土著聚居区的基础上设立的，首领都是当地居民，具有一定的自治性质。镇的首领为镇长，每个镇又下辖若干个村落，即巴朗盖。村长由巴朗盖成员担任，负责调解村民关系、解决争端、征收贡赋。[4] 这样，西班牙在菲律宾尤其是中北部建立中央集权的较为完整的殖民统治体系。

在菲殖民统治体系建立后，西班牙不仅控制了菲律宾的经济命脉，而且掌控了菲律宾（尤其是菲律宾中、北部）的对外贸易及与海外的联系（1834 年以后西班牙才陆续将马尼拉等港口对外开放），突出表现在"大帆船贸易"上。

1565 年，航海专家乌尔德内塔由菲律宾北上发现由西太平洋沿

---

[1] 李涛、陈丙先：《菲律宾概论》，世界图书出版公司，2012 年版，第 101 页。
[2] Alip, *Philippine History：Political, Social, Economic*, Manila, Alip and Sons Inc., 1958, p. 238.
[3] ［澳］约翰·芬斯顿：《东南亚政府与政治》，北京大学出版社，2007 年版，第 231 页。
[4] William Lytle Schurz, *The Manila Galleon*, New York, E. P. Dutton, 1939, p. 193.

岸返回美洲大陆的航线后，往返亚洲与美洲之间的"太平洋航线"[①]得以形成。从1565年到1815年的250年间，这条航线上的贸易完全处于西班牙的垄断之下，其间每年有1到4艘吨位不等的西班牙船只从马尼拉启航前往墨西哥的阿卡普尔科。[②] 这条航线上的贸易，欧美学界一般称其为"（马尼拉）大帆船贸易"或"中国船贸易"。大帆船贸易对菲律宾殖民地来说极为重要，"在西班牙统治的大部分时间里，马尼拉和阿卡普尔科之间的帆船贸易已经成为菲律宾群岛经济史的最主要内容"。[③] 在从菲律宾马尼拉到墨西哥阿卡普尔科的一次次航行中，大帆船将以中国为主的亚洲产品带到新大陆，诸如中国的生丝、瓷器、绸衣、扇子；菲律宾的绣品、珍珠与木雕；日本的茶、丝制和服、纸灯；阿拉伯香水；波斯的地毯和摩鹿加的香料。从阿卡普尔科，这些亚洲产品用大轮车运到墨西哥城、普埃布拉、瓜达拉哈拉、维拉克鲁斯以及墨西哥的别的城市。大帆船中的一部分货物则转运到危地马拉、厄瓜多尔、秘鲁、智利、阿根廷。在大帆船去马尼拉的回程中，则运回墨西哥的银子（银元和银锭）和墨西哥的出口产品，例如塔克西科的银器、萨尔蒂略的羊毛、塔巴斯科的可可子、瓦哈卡的胭脂红（猩红染料）和哈利斯科的酒。[④] 应该指出，中国商品尤其是丝货是大帆船贸易的主要内容。"由中国商人或澳门葡人运往菲律宾的丝货，在到达马尼拉以后，除一小部分

[①] 西班牙在宿务建立殖民据点以后，黎牙实比把寻找回航墨西哥航线的任务交给了航海专家乌尔德内塔神父。乌尔德内塔1565年6月1日乘船离开宿务，进入太平洋后，向东北方向驶去，横渡太平洋抵达加利福尼亚海岸，然后南向航行于同年10月8日抵阿卡普尔科。这后来成为自菲律宾到墨西哥的著名航线。"大帆船贸易"开通后，大帆船在7月或8月离开马尼拉，行程持续约200天到阿卡普尔科；回马尼拉的返程比较容易，大帆船在2月或3月中离阿卡普尔科，西向航行大约90天到马尼拉。参见赛义德著：《菲律宾共和国：历史、政府与文明》，商务印书馆，1979年版，第137、274—275页。

[②] 李涛、陈丙先：《菲律宾概论》，世界图书出版公司，2012年版，第109页。

[③] Nicholas P. Cushner, *Spain in the Philippines: from Conquest to Revolution*, Quezon City, Ateneo de Manila, 1971, p. 127.

[④] ［菲］赛义德：《菲律宾共和国：历史、政府与文明》，商务印书馆，1979年版，第228页。

在当地消费，或向日本输出以外，绝大部分或几乎全部都由大帆船转运往西属美洲出售"。① 1599 年 7 月 21 日，西班牙王室驻菲岛财务官写信给国王，"陛下应该像过去一样让您的臣民自由地与中国进行各种商品的贸易，但要垄断和禁止生丝贸易，要求从中国开来的每艘商船载 5 担生丝来——这个数量很小，付予那些商船合理的价格，再将这些生丝送往墨西哥，在那里零售，将会获得 400% 的利润，这样，中国商船载来生丝就能（为王室府库）生利"。② 由于垄断了从马尼拉到墨西哥的洲际货运航线，就给西班牙带来了极为可观的利润。"每年横渡太平洋的马尼拉大帆船可真是'宝船'，带着高价的货物足够为一个国王赎身"。③

"大帆船贸易"是洲际贸易的一大奇迹，历史学家舒尔茨就指出："大帆船在菲律宾的马尼拉和墨西哥的阿卡普尔科之间持续航行了 250 年，没有任何一条航线上的船只能够忍受如此漫长而孤独的航行，也没有哪条定期的航线具有如此巨大的艰巨性和危险性。对西属美洲而言，大帆船，或称作中国船，为他们带来了东方的丝绸、香料和各种贵重的物品；对东方而言，大帆船带来了墨西哥和秘鲁的白银；对加利福尼亚而言，大帆船带来了海岸地区的繁荣与发展；对西班牙而言，大帆船维系了人员的往来，维系了西班牙建立一个太平洋殖民帝国的梦想。"④ 从马尼拉到墨西哥的"大帆船贸易"，还是菲律宾殖民地生存与维持的基本保障。西班牙到东方殖民的重要目的，本是"想得到能发横财的香料贸易的来源地摩鹿加群岛"并"控制摩鹿加群岛的富饶的香料贸易"，但她这一殖民目的没有实现，就顺手牵羊控制了菲律宾。菲律宾历史学家赛义德就此客观指

---

① 全汉升：《中国经济史论丛》，台北：稻禾 1996 年版，第 465 页。
② 李涛、陈丙先：《菲律宾概论》，世界图书出版公司，2012 年版，第 110 页。
③ [菲] 赛义德：《菲律宾共和国：历史、政府与文明》，商务印书馆，1979 年版，第 227 页。
④ William Lytle Schurz, *The Manila Galleon*, New York, E. P. Dutton, 1939, p. 15.

出:"她拓殖菲律宾是一场赔本买卖,因为她在那里的殖民活动并没有收回物质利益。"因为菲律宾政府每年都不能平衡它的殖民地预算。奉国王之命,西班牙驻墨西哥总督每年要通过大帆船给马尼拉一笔王家津贴。津贴多少,则视菲律宾政府的需要而定。最少的一次津贴是1666年的,只有8.5万比索,最多的一次是1786年的,竟达34.6912万比索。[①] 尽管西班牙从菲律宾本土得不到多大利,但西班牙借以控制马尼拉到墨西哥的洲际贸易却大获其利,足以弥补其在菲之所失。

"大帆船贸易"几乎吸引了西班牙殖民官员的全部注意和精力,结果就忽略了菲律宾的农业与工业发展。美国历史学家卡迪指出,在西班牙人统治时期,菲律宾全国各地的经济极少发展,这是当地人民不满的另一个重要原因。[②] 西班牙殖民者垄断了菲律宾与墨西哥之间的贸易,控制菲律宾的对外联系,不再去发展原本红火的菲律宾与中国、日本、印度及其他东方国家的商务。可以说,"大帆船贸易"是"赌博甚于贸易",只增加了少数人的财富。[③] 以1786年的航行为例,本次航行只有二十六人参加,其中一人就控制了23%的舱位。结果是实际能从大帆船贸易中分得好处的人越来越少。[④]

在"大帆船贸易"行将结束(1815年终止)的19世纪初,由于国际力量的发展不均衡与不断分化,与苏禄经常发生冲突的西班牙此时变成了世界的次等大国。在南洋一带,西班牙面临英国、法国、荷兰以及后来的德国的激烈的海上竞争。西班牙统治者认识到,要维持其在东方的属地,就必须更有效的统治它们,同时还必须发

---

① [菲]赛义德:《菲律宾共和国:历史、政府与文明》,商务印书馆,1979年版,第151、229页。
② [美]约翰·卡迪:《东南亚历史发展》,上海译文出版社,1985年版,第293页。
③ [菲]赛义德:《菲律宾共和国:历史、政府与文明》,商务印书馆,1979年版,第279页。
④ [美]约翰·卡迪:《东南亚历史发展》,上海译文出版社,1985年版,第311页。

展它们，并促使它们向外国商业开放（向多国贸易开放在某种程度上也是用来制衡英国的）。马尼拉于1834年宣布对外开放，1855年菲律宾其他一些港口也相继开放。结果，菲律宾的贸易重心开始脱离墨西哥而转向亚洲和西方；其主要贸易货物由当初的墨西哥白银变为外来的热带产品，如燕窝、龟壳、海参、乌木和其他木材，之后又变为本地的农产品（食糖、马尼拉麻、咖啡和烟草），其数量在贸易机会的刺激下成倍增长。[①] 与此同时，西班牙人竭尽全力继续加强对菲律宾的控制。军、政相结合的政府扩张到吕宋岛内陆山区，并通过引进汽船使米沙鄢地区免遭掠奴袭击造成的劫难，过去该地区经常遭到这类袭击。[②] 但是，许多袭击者的来源地南部海岛（包括苏禄群岛、棉兰老岛）却未能有效地受到控制。事实上，袭击者在棉兰老岛的立足地在不断扩大。[③]

从另一角度看，西班牙在菲律宾的殖民过程，也是天主教在菲律宾群岛的传播过程。自西班牙殖民伊始，教会就是当局的"黄金搭档"，辅助殖民统治与传播宗教文化相得益彰。[④] 天主教主要教派一开始就来到菲律宾布点、传教，"奥斯定会"1865年同黎牙实比一同登岛，"方济各会"1577年来到菲律宾，"多明我会"与"耶稣会"1581年到达菲律宾，"善行会"于1595年到来，沉思派教士（属于奥斯定派分支）则于1602年在菲律宾展开活动。[⑤] 当时，菲律宾本地土人的政治与文化仍处于比较原始的阶段，其宗教也只限于崇拜祖先和自然界的神灵。文化上类同白纸，就为殖民者的

---

① ［新西兰］尼古拉斯·塔林：《剑桥东南亚史》第2卷，云南人民出版社，2003年版，第23、114页。

② 18世纪后半叶见证了穆斯林袭击的高潮。根据西班牙的记录，穆斯林每年平均俘获500个基督徒，把他们当作奴隶卖到巴达维亚（即雅加达）、山达根和新加坡。

③ ［新西兰］尼古拉斯·塔林：《剑桥东南亚史》第2卷，云南人民出版社，2003年版，第23—24页。

④ 施雪琴：《菲律宾天主教研究：天主教在菲律宾的殖民扩张与宗教调适1565—1898》，厦门大学出版社，2007年版，第13—20页。

⑤ ［美］约翰·卡迪：《东南亚历史发展》，上海译文出版社，1985年版，第314—315页。

任意涂抹提供了机会。1578年到1609年这段时间，曾被称为菲律宾传教事业的黄金时代。1578年后不到十年，大约就有17万人皈依基督教。1622年，其人数达到50万，1750年达到91万。① 可以说，西班牙"轻易地征服菲律宾，十字架起的作用比战刀更多"。② 西班牙统治菲律宾333年的最大成果，就是实现了菲律宾群岛大多数人口的天主教化，到1903年天主教徒占菲律宾群岛总人口的91.5%。天主教是西班牙留给菲律宾的最大遗产，对菲律宾社会结构基本格局的确定，所起作用至为重要。菲律宾人始终忠于天主教信仰，虽然他们最终推翻了天主教的西班牙统治权。

除了作为人口主体的天主教徒，菲律宾群岛上还包括非基督教徒的少数族群，"诸如棉兰老和苏禄的伊斯兰教徒，即被西班牙侵略者称之为摩洛人；高山省的益富高人、邦多克人、阿巴瑶人、本格特人与卡林加人；民都洛岛的芒格扬人；巴拉望岛的塔巴纽人；棉兰老岛的巴戈博人、马诺波人、伊萨马人与苏巴嫩人；苏禄海中的巴乔人以及内地的内格里特人。这些非基督教徒的菲律宾人从来没有被西班牙人或（后来的）美国人战胜过。"③

当然，西班牙殖民者与菲律宾南部的穆斯林的冲突最为激烈。在殖民者到来之前，菲律宾南部已在大部分地区形成了分散的伊斯兰社会。西班牙向菲律宾南部的殖民扩张和天主教传播极不顺利，受到了菲南穆斯林的顽强抵制。结果就引发了西班牙殖民者与菲南穆斯林近乎300年的"摩洛战争"。关于"摩洛战争"的起因，一

---

① ［美］约翰·卡迪：《东南亚历史发展》，上海译文出版社，1985年版，第317页。
② ［菲］赛义德：《菲律宾共和国：历史、政府与文明》，商务印书馆，1979年版，第149页。
③ ［菲］赛义德：《菲律宾共和国：历史、政府与文明》，商务印书馆，1979年版，第19页。

些西班牙学者认为：菲律宾南部的穆斯林纯粹是海盗，西班牙对他们发动战争只是为了遏制其海盗行径并给予惩罚。其实，西班牙殖民者对菲律宾南部的侵略是其中北部殖民计划的继续，是为了掠夺更多的土地和资源，并垄断苏禄一带的贸易。当时以苏禄为代表的各苏丹国都已发展了获利颇丰的海上贸易，长期的海盗行为无疑是不利于海上交通安全的。[①] 1578年开始进攻菲南后，西班牙任命菲格罗亚为"棉兰老总督"，其主要任务有："1. （使摩洛人）承认西班牙的统治；2. 在将摩洛人的贸易限制在菲律宾群岛之内的前提下，发展双方的贸易并开发南部资源以作商业用途；3. 终止摩洛人的海盗行为及对北部和中部的劫掠；四、使摩洛人和其他地区居民一样天主教化。"[②] 可以看出，西班牙殖民者是要垄断包括苏禄在内的整个菲律宾群岛的贸易及制止摩洛人对海贸的所谓破坏，并通过向菲南传播天主教等措施控制整个菲律宾群岛。当然，由于受到菲南穆斯林的顽强抵抗，西班牙人始终没有完成这一任务。按照菲律宾学者马拉南的说法，"实际上穆斯林人从来没有做过菲律宾人，从来没有被当政的菲律宾政府征服过"。[③] 这也是今天菲律宾南部摩洛民族分离主义问题的根源与由来。

从制海权角度看，西班牙殖民当局从未实现对整个菲律宾群岛的整体管控，而是在菲律宾南部留下了相当大的缺口。这个大缺口，就成为苏禄人等被西班牙殖民者称之为"摩洛人"的海上自由出入和自由活动的地盘。

---

① 陈衍德、彭慧等：《全球化进程中的东南亚民族问题研究》，厦门大学出版社，2008年版，第203页。

② Emma H. Blair & James A. Robertson, *The Philippine Islands*, 1493—1898, Cleveland, A. H. Clark, 1903—1909 Vol. III, pp. 174 – 181.

③ ［菲］马拉南："菲律宾的民族问题"，《世界民族》，1987年第4期。

第二节　美国在菲律宾建立殖民统治新体系及形成美控海贸的格局

19世纪末，美国的孤立主义政策走到了尽头。19世纪80年代，世界造船工程技术取得重大进展，催生了一种更大、更快、装备更重的舰只——战列舰（battleship）。巡洋舰也得以全面升级，装备更先进的枪炮。以蒸气为动力的远洋海军需要配备许多装煤站，舰队越是远离本土，就越需要安全的海外基地，英国和德国海军都在全世界范围内寻找适合的目标。海上进攻技术的大跃进，使美国几十年来头一次面对强大的外国舰船可直捣美国领土的可能性。防御薄弱的加利福尼亚州在南美洲的海上力量看来好比囊中之物。加勒比海岸则暴露在欧洲的威胁之下。保持孤立已不可能，美国战略上的牢不可破不再是理所当然之事。① 针对落后的孤立思潮，海权战略权威马汉适时提醒美国应该"向外看"，他说："在我们变化的态度之中，令人感兴趣的、有意义的特点是我们把目光转向外部而不仅仅投向内部，以谋求国家的福利。""不管美国人乐意与否，他们如今必须开始注意外部世界。这个国家日益增长的生产要求这么做。一种日益强大的公众情绪也要求这样。美国处于两个旧世界和两个大洋之间的位置也导致了同样的要求，并且很快会因连接大西洋和太平洋的新的通道（即巴拿马运河）的出现而强化"。②

从当时美国国内情势看，也要求美国"走出去"，以开拓海外市场，克服国内经济危机。美国学者冈萨雷斯与加里尼奥就指出，美

---

① ［美］乔治·贝尔：《美国海权百年》，人民出版社，2014年版，第4—5页。
② 白海军：《海洋霸权：美国的全球海洋战略》，江苏人民出版社，2014年版，第57—58页。

国取代西班牙统治菲律宾，"主要考虑美国人的商业利益。他们把菲律宾看作是原材料的丰富来源和美国货物与服务的潜在市场"。[1] 在真正获得稳定的海外市场之前，美国正经历分配严重不均、贫富严重分化导致的国内阶级矛盾尖锐对立和国内政治严重动荡的局面。今天的"五一"国际劳动节，就源于1886年5月1日美国1万多家企业35万工人参加的超大规模的罢工与游行示威。到19世纪末，美国决策层认识到，如果不能冲出英国、西班牙的海上霸权封锁并获得相应的制海权，美国就不能获得稳定的海外市场及相应的国际利润，这反过来又会加重美国国内由于市场疲软、生产过剩及两极分化带来的经济危机，并最终导致总体性国家危机。最终，美国采用马汉的制海权理论并使之迅速转化为国家的对外政策。[2] 美国军事历史学家米利特和马斯洛斯金就此描述道："决策者们在寻找新的边疆，主要是为了扩展商业而非扩张领土，他们把扩张主义者的能量引向对海外市场进行侵略性搜寻，以便缓和工业生产过剩的局面，恢复市场繁荣，维持国内安定。然而，美国并不具备通向海外市场的自由通道，欧洲各国控制着亚洲和非洲的大部分市场，一些欧洲国家还用贪婪的目光盯住拉丁美洲，切斯特·阿瑟总统认为美国是'太平洋的盟主'，同时也把加勒比海视作自己的内湖。然而，如果美国不参加帝国主义争夺，列强们就会剥夺它在这两个地区进行出口贸易的机会。因此，政策制定者们极力主张捷足先登的帝国主义政策：即在其他对手动手攫取之前，美国就应抓住某个理想的地区。"[3] 为此，美国政府酝酿改变政策。1890年，美国国会放弃了大陆孤立主义，开始摆脱旧的近海作战思想，谋划发展可以用于深海

---

[1] [美] 乔奎因·L. 冈萨雷斯、路易斯·R. 加里尼奥：《商业制胜之菲律宾》，中国水利水电出版社，2004年版，第28页。
[2] 张文木：《论中国海权》，海洋出版社，2009年版，第25—26页。
[3] [美] 阿伦·米利特、彼得·马斯洛斯金：《美国军事史》，军事科学出版社，1989年版，第253页。

作战的、现代化的海军。①当然，美国在目标选择和如何实施海权战略上，进行了精心谋划。

由于到19世纪末，世界殖民地已经瓜分完毕，美国显然无法再重复欧洲国家的殖民扩张之路，但凭借强盛的国力却可以驱逐那些老弱的欧洲殖民国家。依照美国当时的实力，它还无法向英国、法国这样的世界大国发起挑战，于是，西班牙就成了最好的目标——它有两处殖民地颇有价值：一个是位于美国南大门的古巴；另一个是位于通往东方富庶之地的菲律宾，并且还有诸如关岛、波多黎各等战略要地。而西班牙当时已经沦为一个世界二流国家，实力根本无法与英国、法国相提并论，并且当时西班牙国内动荡不安，军备薄弱，甚至当面对古巴、菲律宾殖民地的反抗时已经显得力不从心。②美国为动手，准备了3年。1895年，古巴爆发独立战争，美国于是派遣一艘巡洋舰"缅因号"（USS Maine）进入哈瓦那港，借口是保护美国侨民，显然是一种蓄谋。1898年1月24日，"缅因号"突然发生爆炸，美国媒体立即展开宣传，论调是西班牙人炸毁了"缅因号"，美国国内因此群情激愤。美国政府立即"顺应民意"，于4月25日正式向西班牙宣战。5月1日，美国亚洲舰队司令杜威率领舰队闯入马尼拉湾，摧毁了那里的西班牙舰队，并于8月13日占领了马尼拉。③为避免在其非欧洲事务上遭受失败，西班牙于1898年12月10日同美国签订了《巴黎和约》。根据和约，西班牙以2000万美元的价格将菲律宾转让给了美国。和约签订后，菲律

---

① 张文木：《论中国海权》，海洋出版社，2009年版，第27—28页。
② 白海军：《海洋霸权：美国的全球海洋战略》，江苏人民出版社，2014年版，第60页。
③ 1898年美西战争中，美国同时派出两支舰队分别攻击西班牙在大西洋（古巴）与太平洋（菲律宾）的殖民地。为了缓解菲律宾的困难局势，西班牙派出一支实力强于美国杜威的分遣队向东穿过苏伊士运河。在这种情况下，杜威计划放弃马尼拉湾。为挽救可能出现的不利局势，美国海军将舰队集中起来威胁西班牙本土的港口。西班牙驰援古巴的塞维拉舰队被粉碎后，大西洋已再无屏障，西班牙处于危险之中。面对这种威胁，西班牙政府只得召回已经穿过了苏伊士运河的增援舰队。美国通过全球性的进攻战略（以掌控加勒比为基础）赢得了战争。参见乔治•贝尔：《美国海权百年》（人民出版社，2014年版）第26—30页。

宾的地位发生了改变，由西班牙的领地变为美国的殖民地。①

美国试图建立新的殖民统治格局，与西班牙人从不允许菲律宾人参与行政管理的做法不同，美国官员允许菲律宾人在一种类似于美国总统制的制度下进行有限的自治，并培训菲律宾人公务员。② 虽然美国是1899—1900年才出现的殖民地游戏中的新手，但它决心寻求土著社会组织的合作，然后力图改造它以适应美国的意图。相对来说，美国人希望建立一个仁慈的殖民地政府，使这个政府获得当地人的合作，同时教他们成立自治政府。③ 1902年7月1日，美国国会通过了《菲律宾法案》，这是美菲殖民政府的第一个组织法。法案规定，在人口普查公布后两年成立一个民选的菲律宾会议，履行众议院的职能，由"菲律宾委员会"履行参议院职能，两院共同行使立法权。但"菲律宾会议"实际上只在形式上拥有立法权，殖民总督和"菲律宾委员会"对它的决议有批准和否决权，美国国会更有权改变、补充和取消它通过的任何法律。1916年，美国国会通过了第二个菲律宾组织法，即《琼斯法案》，也称《菲律宾自治法》。该法案给予菲律宾人较大的自治权，规定政府各部部长均由菲律宾人担任，经总督任命，参议院批准；总督由美国总统任命，行使行政权，有权任命地方官吏；建立民选的参、众两院，行使立法权。不过，涉及菲律宾移民、通货、制币等问题的法案，未经美国总统批准，都不能成为法律。④ 另外，美国在菲律宾建有陆军基地和海军基地，保证菲律宾不受侵犯。

美国还掌握了菲律宾的外交，并形成美国控制的对外贸易格局。1909年8月5日，美国国会制定了调整美菲贸易关税的《佩恩—奥

---

① ［澳］约翰·芬斯顿：《东南亚政府与政治》，北京大学出版社，2007年版，第232页。
② ［澳］约翰·芬斯顿：《东南亚政府与政治》，北京大学出版社，2007年版，第232页。
③ ［新西兰］尼古拉斯·塔林：《剑桥东南亚史》第2卷，云南人民出版社，2003年版，第77页。
④ 李涛、陈丙先：《菲律宾概论》，世界图书出版公司，2012年版，第116—117页。

尔德奇法》，规定美国商品输入菲律宾完全免税，也不限制数量，而菲律宾商品输入美国则区别处理。这一法案的施行，使得美国在菲律宾进出口贸易中所占比重快速上升，至1917年居垄断地位。同时，导致菲律宾经济畸形发展，1910—1913年，糖、麻、椰品和烟的出口占总出口值的93.15%。[1]

1935年菲律宾开始所谓的自治过渡期，为过渡作准备，美国于1932年12月和1934年3月分别通过了《海尔—哈卫斯—加亭法案》和《泰丁斯—麦克杜菲法案》。这些法案规定，在过渡期美国仍然掌控菲律宾外交，保留在菲军事基地，保证美国投资者的权益。法案还规定了过渡期间菲美之间的特殊关税，即美国商品输入菲律宾仍然免税，但菲律宾商品输入美国，得从自治第五年起征收5%的关税，并逐年递增5%，直至达到美国规定的外国商品的全部进口税率。[2] 菲律宾建立的一系列国有企业，也充分体现美国的意志。这些企业是殖民政府通过征收赋税，然后通过拨款资助的方式予以建立的。它们自然就以矿业为主，如国家煤炭公司、铁矿公司、马尼拉铁路公司、国家石油公司和水泥公司等，以便向美国提供工业原料及初级产品。菲律宾的对外经济与政治交往仍由美国控制，菲律宾的整个外贸格局也完全是根据美国意志形塑的产物。

当然，美国控制菲律宾目的很明确，就是使菲律宾在美国的"保护"下迅速"美化"或同化，经济上则使菲律宾完全依附美国，把它变成美国的原料供应地、商品倾销市场和投资场所。[3] 由于美国的海上力量与制海权均超过西班牙，因此，美国对菲律宾的管控程度也胜过西班牙。1898年之后，美国逐步将菲律宾群岛各地分散的

---

[1] Vicente B. Valdepenas, Jr. Germelino M. Bautista, *The Emergence of the Philippine Economy*, Manila, 1977, p.117.
[2] 李涛、陈丙先：《菲律宾概论》，世界图书出版公司，2012年版，第119页。
[3] 马燕冰、黄莺：《菲律宾》，社会科学出版社，2007年版，第98页。

社会合并到一个单一的国家政权之下。①

当然，美国的殖民统治及"以北（北方天主教徒）治南（南方穆斯林）"政策，② 也遭到了强烈抵制。对菲南穆斯林而言，美国人似乎比西班牙统治者更为危险。美国人"以菲治菲"，竭力推动向南部移民，推进基督教向南传播，力图消灭摩洛人的民族特点，加快了使摩洛地区融入统一国家的步伐。当然，哪里有压迫，哪里就有反抗。反对美国人统治的摩洛武装斗争就此展开，直至美国与苏禄国王签订条约，表示承认其穆斯林精神领袖的地位和尊重伊斯兰教的风俗习惯，冲突才渐趋平息。

当然，美国的"以北治南"政策，也进一步埋下了菲律宾南北两大族群冲突的种子，日后的菲南摩洛民族独立运动高涨就与此高度相关。

第三节　日本占领菲律宾及华南几乎控制整个南洋

菲律宾的自治过渡进程被随后的战争打断，日本于1942年至1945年用武力方式占领了菲律宾。

1853年和1854年日本与美国的海上接触与失败，使日本人认识到是海军而不是陆军关系到日本的未来命运。此后，日本的军事战略发生了由制陆权向制海权的重大转变。③ 19世纪后半叶，日本海军战舰吨位飙升，至1880年日本已成为世界第七海上强国。④ 1894

---

① ［新西兰］尼古拉斯·塔林：《剑桥东南亚史》第2卷，云南人民出版社，2003年版，第117页。
② 陈衍德：《多民族共存与民族分离运动：东南亚民族关系的两侧面》，厦门大学出版社，2009年版，第162页。
③ 张文木：《论中国海权》，海洋出版社，2009年版，第31页。
④ ［美］保罗·肯尼迪：《大国的兴盛》，求实出版社，1988年版，第247页。

年甲午海战，日本打败中国，1895年，日本通过《马关条约》割占中国台湾、澎湖，获得进入南中国海的跳板。1919年日本以武力侵占太平岛等岛屿。① 逐步控制中国南海诸岛，就为日本人进一步"南下"做好了准备。

日本人不断宣扬"亚洲人的亚洲"，对南洋一带早有所图。20世纪30年代后期以来，在欧洲酝酿的战争风暴分散了欧洲人的注意力，使他们没有在东南亚预先备战，而希特勒在1940年至1941年的军事胜利（先后攻克荷兰、法国）阻止了英国、法国和荷兰对日本作出充分的反应。日本人正是充分利用了欧洲殖民者在东南亚的脆弱性，采取闪电战，果断出手。1941年12月7—8日夜，珍珠港、马来亚、菲律宾和香港都受到猛烈的军事进攻。12月8—9日，美国、英国和荷兰对日宣战。但美国太平洋舰队在珍珠港已受重创，驻远东的美国空军有一半在克拉克机场被摧毁。英国驻亚洲的海军已被消灭，英国皇家海军"退敌号"和"威尔斯亲王号"舰艇于12月10日在彭亨外海沉没。② 日本赢得了制海权和制空权，掌握了主动。1942年1月2日，日军攻陷马尼拉和甲米地，1月11日占领吉隆坡，2月15日占据新加坡，3月6日攻占巴达维亚（雅加达）。

日本在太平洋战争爆发后不到半年的时间里，相继攻占了东南亚各地，控制了拥有1.5亿人口、380余万平方公里的广大地区，形成了连欧美诸国都未实现的独霸东南亚的局面。③ 按照日本人的说法，日本是要将菲律宾在内的东南亚国家从西方控制中解放出来，将这一广阔地区置于日本单独统治的"大东亚共荣圈"之内，建立所谓的"南方共荣圈"。然而，事实是日本对包括菲律宾在内的东南

---

① 高子川、林松：《蓝色警示——21世纪上半叶的海洋争夺》，海潮出版社，2013年版，第126页。
② [新西兰]尼古拉斯·塔林：《剑桥东南亚史》第2卷，云南人民出版社，2003年版，第268—269页。
③ 毕世鸿：《太平洋战争期间日本对东南亚的经济统制》，社会科学文献出版社，2012年版，第2页。

亚国家，实行残暴的军政统治。日本的陆军和海军的军事管制在被占领土上有所分工。南方部队的司令、陆军元帅寺内在西贡建立了指挥部，爪哇、苏门答腊和马来亚由陆军控制，东印度其他地方则由海军控制。[①]

日本从1941年陆续占领东南亚各地之后，开始频繁使用"南方共荣圈"这一政治口号。所谓"南方共荣圈"，其地理范围大致包括法属印度支那、泰国、荷属东印度、马来亚、缅甸、菲律宾、新几内亚东部、所罗门群岛、东帝汶等地。日本的着眼点主要在于将上述地区的丰富物产与日本本土的需求结合起来，借此实现以日本为盟主的地区联合体构想。[②] 毫无疑问，获取经济利益一直是日本武力占领东南亚的基本目标，但从战争一开始，交通运输瘫痪，海运遭到破坏，日本对该地区资源有计划的开采受到遏制。因为日本对东南亚的经济统制和资源汲取的有效性，有赖于对海域和空域的控制，但这种控制非常短暂，在美国1942年6月取得中途岛战役胜利后，日本控制的海洋和空域的范围日渐收缩。[③] 就东南亚国家而言，贸易衰落反过来又导致传统出口商品的过剩和至关重要的进口商品的匮乏。东南亚因之经济动荡，民不聊生。

二战期间，日本与美国军队在菲律宾周围进行了多次海陆空战役。1945年，当马尼拉获得解放、日本投降后，美国人又重新占领了菲律宾。但迫于压力，1946年7月4日美国将政权交还给菲律宾人，从而结束了菲律宾长达四百多年的外国统治。英国学者斯托克威尔认为，华盛顿让菲律宾正式独立，表明它此时比巴黎、海牙，甚至伦敦都想在战后的东南亚尝试非正式的帝国主义方式。美国人

---

① ［新西兰］尼古拉斯·塔林：《剑桥东南亚史》第2卷，云南人民出版社，2003年版，第268页。
② 毕世鸿：《太平洋战争期间日本对东南亚的经济统制》，社会科学文献出版社，2012年版，第17页。
③ ［新西兰］尼古拉斯·塔林：《剑桥东南亚史》第2卷，云南人民出版社，2003年版，第269页。

深信，不论对菲律宾人作出什么实质性让步，菲律宾都将留在其在太平洋地区的非正式的帝国主义范围内。[①] 菲律宾独立后的几届政府试图摆脱对美国的过分依赖。但是，由于战争中经济遭到严重破坏，这个年轻国家的领导人仍不得不继续寻求美国的经济援助和政治支持。[②] 看来，菲律宾人仍不得不长期摸索前进。

---

① [新西兰]尼古拉斯·塔林：《剑桥东南亚史》第2卷，云南人民出版社，2003年版，第279页。

② [澳]约翰．芬斯顿：《东南亚政府与政治》，北京大学出版社，2007年版，第232页。

第三章　菲律宾独立建国与海权意识逐步苏醒

历史上，正是各自为政、没有统一意识与组织能力，菲律宾群岛轻易地就被西方殖民者征服。菲岛人民的反抗往往也是孤立的，很难成为燎原之势，轻松地就被各个击破。美国学者卡迪指出："由于菲律宾人的各种语言有很大的差异，又分裂成为许多岛屿单位，所以这里间歇地表现出来的群众动乱，通常是地方性的事情。即使这些动乱是相互同情和同时发生的，它们也不能协调一致。"[①] 不过，正是在长期反抗西班牙、美国等西方殖民者的过程中，菲律宾人民逐步看清了菲律宾的弱点，才产生了逐步增强的民族意识与独立建国意识。

在历史上，马尼拉等要地多次被殖民者从海上侵入并占领。除了西班牙与美国长期统治菲律宾外，英国人1762年到1764年占领马尼拉20个月，日本人1942年到1945年占领马尼拉及菲律宾其他地方达三年。中国的郑成功以及荷兰人也多次从海上对马尼拉形成威胁。菲律宾人从历史中得到教训，对菲律宾的主要威胁来自海上，其海权意识就逐步苏醒并不断增强。

---

① [美] 约翰·卡迪：《东南亚历史发展》，上海译文出版社，1985年版，第321页。

第一节　民族意识不断增强与独立建国

菲律宾历史学家赛义德曾指出："菲律宾人是爱好和平的人民。他们宁愿过宁静和平的生活而不喜欢剧烈的暴力。"但是，一旦受到欺侮，他们则是"可怕的战士，他们属于世界上最勇敢的人民"。"因为他们受过西班牙官吏的压迫，他们起来造反一百多次，反对西班牙的革命一次"。[①] 正是在长期反对西班牙的殖民统治过程中，菲律宾人作为一个整体的民族意识逐步形成。

作为人口非常少数的统治者，西班牙人对菲律宾的统治还是相当讲究策略与技巧的，包括"分而治之"、"以菲制菲"，唆使一个部族去反对另一个部族，以便维持她对菲律宾的统治。但西班牙在菲律宾推行"统一地盘"（菲律宾群岛）、"统一政府"（殖民政府）、"统一语言"（西班牙语）、"统一宗教"（天主教）的努力，加之菲律宾人深受"共同压迫"（西班牙殖民者），客观上就促成了菲律宾民族意识和民族国家的诞生。美国学者卡迪指出："西班牙的贡献，在于使这个群岛（菲律宾群岛）第一次在政治上统一起来，大规模地引进基督教使之适应当地情况。"[②] 从国家整合角度看，西班牙对菲律宾主要是政治上的整合，将菲律宾各语言种族团体纳入中央集权政府统治之下，是"政权建设"（state-building），而非"民族国家建设"（nation-building），菲各语言种族团体并未形成"菲律宾人"的共同意识。[③] 但西班牙后期的暴虐统治与歧视政策，

[①] ［菲］赛义德：《菲律宾共和国：历史、政府与文明》，商务印书馆，1979年版，第35、38—39页。
[②] ［美］约翰·卡迪：《东南亚历史发展》，上海译文出版社，1985年版，第293页。
[③] 陈鸿瑜：《菲律宾政治发展》，台湾商务印书馆，1980年版，第241页。

客观上却推动了菲人整体民族意识的形成。

在西班牙的殖民统治下，菲律宾人处于社会的最底层。以奢华的马尼拉为例，"（西班牙）贸易巨头们无忧无虑，生活奢侈。一年之中，他们有四分之三的时间闲散无事，住房、衣着、佳肴美酒和仆从，应有尽有，极尽欢乐。这种处境必然导致懒散成性，沉湎于赌博、诈骗和其他恶习，他们很少或根本不注意农业和工业发展。华人经营零售商业，提供手工艺匠和服务人员。他们在马尼拉也为大帆船贸易收集大部分商品。而菲律宾人则在警察和教堂的控制下提供食品和仆役。马尼拉的生活以很不调和的形式表现出'东方的魅力'"。① 除了压迫外，西班牙殖民者在传教过程中的歧视政策也刺激了菲律宾民族主义的生成。菲律宾本地的基督徒自始至终受到西班牙正规教士的阻挠，不能进入正规教团并成为教团的成员，他们享受不到津贴，也没有领导教区的威信。这种歧视性的做法必将在最后刺激菲律宾民族主义动乱中成为主要因素。② 1862年，全国只有12个教区共约400名非教会牧师，其中主要是菲律宾人，西班牙殖民者对菲人的歧视可见一斑。苏伊士运河开通后，启蒙思想的传入再加上自由主义政府的短期执政促进了本地牧师对平等的要求。菲律宾民族英雄黎刹（Jose Rizal）就认为，菲律宾人的"民族"特性开始发展源于西班牙人对这个群岛上人民的新态度。菲律宾人曾经被"当作臣民，而不是下等人"。但到了19世纪，西班牙人开始表现出对菲律宾人的轻蔑。黎刹认为，"他们使人种本身成为侮辱的对象"。"他们声称他们无法从中发现任何优良品质、任何人性特征"，这种针对整个"殖民地土著"居民的侮辱激起了一个"民族的"的回应。③ 19世纪60年代末期，西班牙人对三名主张改革的菲

---

① ［美］约翰·卡迪：《东南亚历史发展》，上海译文出版社，1985年版，第313—314页。
② ［美］约翰·卡迪：《东南亚历史发展》，上海译文出版社，1985年版，第316—317页。
③ ［新西兰］尼古拉斯·塔林：《剑桥东南亚史》第2卷，云南人民出版社，2003年版，第211页。

律宾牧师进行监视，1872年竟然处死了他们。不经意地使三名菲律宾牧师成为烈士，导致了随之而来的更加具有"全国性"的民众运动。到19世纪末期，几十年的宗教政治运动聚合为"民族主义"运动。劝告人民参加运动被解释为一种拯救行动，人民聚集起来呼唤自由的声音具有恢复国家完整和繁荣状态的含义。[1]

菲律宾历史学家赛义德指出："十九世纪见证了菲律宾民族主义的诞生。"[2] 19世纪中叶以后，菲律宾现代民族主义开始兴起，除了西班牙在殖民统治后期的残酷压迫与歧视外，另有几点原因：第一，对外通商，将闭关政策改为开放政策，马尼拉（1834）、三宝颜与怡朗（1855）、宿务（1860）、黎牙实比与独鲁曼（1873）先后开放，准于外国商船出入，外国商人来此开店做买卖，岛民与外人接触较多，对于世界大势与潮流，已较有了解。回头看看西班牙守旧苛暴的殖民地统治，自然感觉不满。第二，开放后菲律宾青年到欧洲的西班牙、法国等国留学的渐多，他们在欧洲除了研读自然科学外，自然也会接触当时盛行于欧洲的民族主义与民主政治。当他们学成回国，自然会把欧洲的民族主义与民主政治带到菲律宾来。对外通商，出入便利，外国有关民族主义与民主政治的书刊，也容易流入，进而转变岛民的思想观念。第三，跟着对外通商，经济逐渐发达的结果，产生一个中产阶级，这个阶级思想较为进步，容易发现菲国政治落后的情形，而主张加以改革。[3] 1872年甲米地（Cavite）屠杀事件发生后，西班牙殖民政府实行恐怖政策，大批知识分子纷纷逃亡到香港、东京、新加坡与欧洲的西、法、英等国。他们常组织起来，向全世界控诉西班牙在菲岛的苛暴统治。自1872年至1892年

---

[1]　[新西兰] 尼古拉斯·塔林：《剑桥东南亚史》第2卷，云南人民出版社，2003年版，第192—193页。
[2]　[菲] 赛义德：《菲律宾共和国：历史、政府与文明》，商务印书馆，1979年版，第330页。
[3]　陈烈甫：《马可仕治下的菲律宾》，台湾商务印书馆，1983年版，第88页。

的二十年间，被称为民族主义的宣传时期。参加此运动的多为高级知识分子，居于领导地位的为黎刹（Jose Rizal）、毕拉（M. H. Pilar）与詹那（G. Lopez Jaena）等三人，被称为宣传运动三巨头。

到了19世纪末，菲律宾民族主义进入了觉醒与行动阶段。摆脱殖民压迫，建设统一民族国家，开始成为菲律宾人尤其是新式知识分子的念想与奋斗目标。

随着菲律宾各阶级的不满逐渐汇合，尤其是1892年7月7日革命组织"卡蒂普南"（Katipunan）的诞生，菲律宾进入了以武装斗争争取民族解放的阶段。"卡蒂普南"是一秘密革命团体，提出两大主张：一是将菲律宾群岛组织成为一个独立自主的国家；二是采取革命的手段，推翻西班牙殖民地的统治。"卡蒂普南"成立后，会员加入非常踊跃，四年间（1892—1896）会众增加到10万人。"卡蒂普南"虽为秘密组织，但人数一多即易泄密。西班牙殖民政府得到风声，于1896年8月19日，采取先发制人的搜捕措施。"卡蒂普南"革命党人于8月26日，正式高举起反西义旗。这在菲律宾群岛的历史上，是第一次有组织的争取独立的流血革命。[1] 革命浪潮迅速席卷中吕宋和吕宋西南部及北部，并扩展至民都洛和班乃以及棉兰老北部。革命在1897年12月严重受挫后转入低潮，至1898年初又重新高涨，革命不仅摧毁了西班牙的殖民统治，还催生了菲律宾第一共和国。[2] 然而就在反西起义再次兴起之际，美西战争爆发。战争的结果之一，是菲律宾由西班牙的殖民地转归美国统治。1899年1月23日，菲律宾第一共和国宣布诞生。2月5日，菲律宾共和国就向美国正式宣战。美菲战争相当激烈，到11月底，菲律宾军队主力被击溃，菲律宾第一共和国事实上已灭亡。

在美国的殖民统治下，菲律宾人并未停止抵抗，也未放弃独立

---

[1] 陈烈甫：《马可仕治下的菲律宾》，台湾商务印书馆，1983年版，第90—91页。
[2] 李涛、陈丙先：《菲律宾概论》，世界图书出版公司，2012年版，第112页。

的正当要求。为此，菲律宾人进行了不屈不挠的抗争。1932年12月17日，美国国会通过了《海尔—哈卫斯—加亭法案》，也称为《菲律宾独立法案》，规定在10年过渡期后给予菲律宾独立。在过渡期间，菲律宾成立自治政府；自治宪法由民选的宪法会议制定，经由美国总统批准；美国总统有权取消菲律宾通过的任何法律；美国政府掌握菲律宾的外交；美国联邦最高法院仍对菲律宾行使裁判权。过渡期，美国仍保留在菲军事基地，并保证美国投资者的权益。1934年3月24日，美国总统签署了在《海尔—哈卫斯—加亭法案》基础上略加修改的《泰丁斯—麦克杜菲法案》。1934年4月1日，菲律宾参众两院联席会议通过决议，接受《泰丁斯—麦克杜菲法案》。1935年2月，菲律宾制宪会议制定了10年过渡期的宪法，规定在菲律宾成立自治政府；10年后宣布独立，成立菲律宾共和国；自治期间，菲律宾全体公民仍然将效忠美国，自治政府承认并接受美国最高权力，对美国保持忠诚和效忠。[①] 1935年11月5日，菲律宾举行了自治政府成立大典，奎松和奥斯敏纳分别就任正、副总统。

比较遗憾的是，菲律宾的自治与独立进程被日本的侵略打断。1941年12月8日，在偷袭珍珠港得手后数小时，日本战机就飞临菲律宾上空，轰炸了达沃、碧瑶、伊巴等地，其后，对美国的克拉克空军基地和甲米地海军基地进行了毁灭性打击。1942年1月2日，日军进占马尼拉。日本对菲律宾又进行了3年的血腥的殖民统治。日本侵略者对菲律宾人民的屠杀，对菲律宾资源的肆意掠夺，激起了菲律宾广大人民的反抗，抗日游击战争烽烟四起，参加抗日游击队的菲律宾人计有27万人。[②] 1943年，第二次世界大战发生根本性转折，德国已无力挽回败局，日本在太平洋战场也接连败北。1944年10月，麦克阿瑟率领美军打回菲律宾。1945年7月5日，菲律宾

[①] 李涛、陈丙先：《菲律宾概论》，世界图书出版公司，2012年版，第119—120页。
[②] Saburo Lenaga, *The Pacific War, 1931—1945*, New York, 1978, p. 172.

获得解放。① 在美国的帮助下，菲律宾自治政府又得以重建。

战后东南亚各国人民反对殖民主义、争取民族独立的运动蓬勃发展，菲律宾也卷入这一潮流。尽管美国和菲律宾的反动势力想方设法企图阻止菲律宾独立，但迫于压力，1946年7月4日美国将政权交还给菲律宾人，从而结束了菲律宾四百多年的外国统治。② 罗哈斯和季里诺分别就任独立后的菲律宾共和国的第一任总统与副总统。

第二节　争取完整主权与民族国家建设布局

1946年7月4日菲律宾共和国正式宣布成立，但菲律宾事实上并未获得真正的民族独立。独立当天，菲律宾就与美国签署了《菲律宾贸易法》，规定在菲律宾独立后，美菲必须保持所谓的"自由贸易"制度，并给予美国人最优惠的贸易待遇。

美国仍能继续控制菲律宾的对外贸易，结果就使菲律宾成为一个"依附性独立"的国家。③ 当然，独立后的菲律宾几届政府也试图摆脱对美国的过分依赖，但是，由于战争中经济遭到严重破坏，这个年轻国家的领导人就不得不继续寻求美国的经济援助和政治支持。④ 可以说，这个年轻的国家一独立就面临两大任务：一是对外摆脱对美国的过分依赖，争取民族自主；二是对内反对分裂势力，实现国家的完整统一。

---

① 马燕冰、黄莺：《菲律宾》，社会科学出版社，2007年版，第104页。
② [澳]约翰·芬斯顿：《东南亚政府与政治》，北京大学出版社，2007年版，第232页。
③ Stanley Karnow, *America's Empire in the Philippines*, New York: Random House, 1989, p. 323.
④ [澳]约翰·芬斯顿：《东南亚政府与政治》，北京大学出版社，2007年版，第232页。

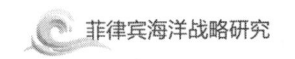

一、对美国的矛盾态度：既依赖又想摆脱控制（争取完整主权）

无论在时间跨度还是深度上，菲律宾对单独一个宗主国的经济依赖程度在整个东南亚地区都是绝无仅有的。刚刚获得独立的罗哈斯政权，首先要应付的问题是国内的土地纠纷和共产党领导的胡克游击战争。为此，不管是战后短期内的恢复还是长远的发展，罗哈斯政权都需要美国的援助和经济上依靠美国。1947年3月，菲律宾让美国根据为期99年的租约使用其军事基地，并达成了相互防卫援助协定。军事基地方面的相互需要和美国对菲律宾的经济援助继续成为决定菲律宾内外政策的主要因素。[①] 为维持与美国的特殊关系，罗哈斯与美国签订了一系列不平等条约。1947年的《美菲军事基地协定》就规定，菲律宾不能单方面废除基地协议，但美国有权主动放弃。经贸方面，美国国会通过的《贝尔贸易法》允许菲律宾向美国出口免税的食糖、椰子产品和烟草等，菲律宾则同意美国在本国开采自然资源时享有国民待遇。[②]

鉴于当时菲律宾国内经济形势相当严峻，1950年，美国总统派出经济调查团到菲律宾，试图帮助菲律宾解决经济困境。根据调查团的建议，1950年11月14日，菲律宾总统季里诺和美在菲经济合作委员会主席威廉·福斯特缔结了《经济和技术合作协定》。1951年4月27日，季里诺又和美国驻菲律宾大使迈伦·考恩缔结了《美菲经济和技术合作执行协定》。这两个协定使得菲律宾在经济上更加依赖美国，美国当局有可能随时随地更直接地影响和控制菲律宾的

---

① [新西兰]尼古拉斯·塔林：《剑桥东南亚史》第2卷，云南人民出版社，2003年版，第379、468页。

② 朱幸福：《风云诡谲的菲岛政坛》，中国社会科学出版社，2002年版，第13—14页。

经济和政府行政事务。① 可以说，战后初期，菲律宾政府除了接受美国强加的条件外别无选择，尽管后来美国公开的专横跋扈的做法有所收敛。从1949年到1952年，美国对菲律宾实际提供的直接经济和军事援助达到了顶峰，总额达6亿美元。②

借助一系列不平等条约，美国加紧向菲律宾输出垄断资本，美洲银行、大通银行、福特公司、费尔斯通公司、通用电气公司等许多金融组织和垄断公司纷纷前来投资，垄断了菲律宾的加工、采矿、交通运输、公用事业和对外贸易等重要经济部门。面对严峻的经济形势，菲律宾政府陆续采取了一系列的应对措施。为了应对进出口贸易不平衡问题，菲政府在1949年实行了部分进口控制和外汇管制，在一定程度上遏制了美国商品的进口狂潮，1950年又实行外汇控制，使美国资本家不能随意将在菲律宾赚取的利润汇回本国，以此矫正国家的收支平衡。这种统制措施一直持续到1962年。③

在1953年菲律宾总统大选中，麦格赛赛在美国支持下高票当选总统，其竞选伙伴加西亚当选副总统。麦格赛赛的经济政策中心是实行赤字财政，扩大政府投资。但赤字财政政策使菲律宾中央银行受到沉重的压力。面对严重的经济困难，菲律宾人民普遍强烈要求重新审查美菲关系，废除不平等的贸易条约。1957年3月17日，麦格赛赛因飞机失事身亡，由副总统加西亚继任总统。加西亚上台后，迅速实行经济紧缩政策，限制信贷和严格外汇管制，从而使菲律宾的财政危机稍见缓和。在民族主义者的鼓动下，加西亚还提出了民族主义色彩浓厚的施政纲领，在工商业领域采取了菲律宾人优先的政策，以推动民族经济的发展。1958年8月21日通过的国家经济会议第204号决议，正式提出了"菲律宾人第一（菲人第一）"的政

---

① 李涛、陈丙先：《菲律宾概论》，世界图书出版公司，2012年版，第130页。
② [新西兰]尼古拉斯·塔林：《剑桥东南亚史》第2卷，云南人民出版社，2003年版，第379页。
③ 李涛、陈丙先：《菲律宾概论》，世界图书出版公司，2012年版，第131页。

策。决议规定，菲律宾公民为从事工商业而申请外汇的，应比外国人优先得到配给；如菲律宾人欲进入外国人控制的经营领域，菲政府将采取必要措施予以帮助；在外汇配给中，凡是菲人资本占到60%的合资企业也可以优先得到配给。这些政策（带排外性）普遍受到群众的欢迎，特别是在工商业者和知识分子中间反应比较热烈。在对外贸易方面，加西亚政府还实行外汇管制和进口管制，以限制从美国进口商品。[①] 当然，美国对加西亚的"菲律宾人第一"政策极为不满，不断施加压力，最后，菲律宾政府不得不有所退缩，同意逐步取消经济统制。

到20世纪70年代，美国政府对菲律宾的经济和军事援助开始让位于多边或者私人贷款。当然，作为个人的菲律宾人仍从美国所支付的军官和文官养老金中得到实惠，如70年代末美国年均支付1.2亿美元。从70年代起，菲律宾对军事基地的"租金"要价（虽然美国拒绝这一说法）不断上升，结果得到了美国援助的承诺，即从1979年年均援助5000万美元提高到10年以后的将近10倍。尽管后来美国对菲律宾经济的直接影响有所减弱，但它对菲律宾仍保持了与形势不相称的影响，这些影响部分来源于美国在对菲律宾决策者提供建议和培训技术专家方面所起的作用。菲律宾人还学习美国的教科书，在美国的大学攻读研究生课程，并与美国方面的同行人员开展合作研究与计划项目。因此，有学者说，美国对菲律宾经济的控制在很大程度上并不是对所有权的控制，而是对菲律宾人思想的控制。[②] 美国影响控制菲律宾，有多种多样、或明或暗的灵活手法。美国对菲律宾的援助也是有条件的，包括特殊关税减让等。因此，菲律宾对美国的态度就充满矛盾，既想借助美国、搭美国的便车，又想摆脱美国的控制，逐步恢复民族自尊。

---

① 马燕冰、黄莺：《菲律宾》，社会科学出版社，2007年版，第109—110页。
② [新西兰] 尼古拉斯·塔林：《剑桥东南亚史》第2卷，云南人民出版社，2003年版，第379—380页。

1976年，菲律宾政府坚持就军事协定问题与美国重开谈判，同意美国的军事基地和地面部队继续存在，但在限定时间内要增加租金，美国必须承认菲律宾对这些基地的主权。

二、独立后菲律宾民族主义再度高涨

独立后，面对严重的经济困难，菲律宾人民强烈要求重新审查美菲关系，废除不平等的贸易条约。1954年12月15日美菲重新谈判，签订了"劳雷尔—兰格利协定"（the Laurel-Langley Agreement），其中规定美国公民享有与菲律宾公民在开发菲律宾资源等方面的同等权利。这就是著名的"同等权利"条款，菲律宾华文报纸称该协定为"平权法案"。"平权法案"激起了独立后菲律宾民族主义新的高涨，菲律宾民族主义的代表人物雷克多就此批评说："这是历史上的第一个实例：一个独立国家授给别的国家公民和本国公民平等的权利，最大的讽刺是美国并没有给予菲律宾人以同等的权利。"[①]

20世纪60年代，世界各国人民特别是亚洲人民的反帝、反殖和反霸斗争蓬勃发展，东南亚各国人民维护民族独立和主权的斗争也取得了重大进展。受此影响，菲律宾人民要求维护独立和争取民主的浪潮汹涌澎湃。伴随新一代菲律宾人的成长，60年代中期，菲律宾民族主义再度复兴。马丁·米多斯指出："紧接1950年代的相对静默时期之后的民族主义的复兴，首先是新一代菲人的出现。这一代人，在美国统治时期尚未成熟，他们的背景和看法与其父辈迥然不同。这些不同点集中反映在他们'追求一种民族认同'，与此对应

---

① 周东华：《战后菲律宾现代化进程中的威权主义起源研究》，人民出版社，2010年版，第42页。

的是'反美主义'的兴起。"① 在这种形势下，菲律宾总统马科斯再度打出"菲人第一"的口号，表示要重视"民族经济的解放"，修改政府的"亲西方政策"。菲律宾政府开始调整完全依附于美国的外交方针，并在行动中尝试逐渐摆脱美国的控制与影响。② 1974年7月，马科斯政府宣布1946年美菲签订的《劳雷尔—兰格利协定》期满失效，相应取消美国人在菲律宾所享有与菲律宾公民同等权利的特权，美菲"特殊关系"宣告结束。③ 不过，美国仍保持在菲律宾的克拉克空军基地、苏比克海军基地等数个军事基地的驻军。

20世纪60年代中期以后，菲律宾民族主义者分化为数个派别。第一派以参议员陆若为代表，可以称之为"中庸派"，包括众多自由主义知识分子、独立观察家和技术官僚。他们以国会、媒体和政府机构为活动基地，推动宪政框架内以"亲菲（而非亲美）、爱国、公正"为目标的民族主义运动，目标包括对外从美国手中寻求政治和经济的主权独立，对内推动执政当局推行土地改革在内的以"公正"为导向的改革。第二派以何塞·西松为代表，可以称为"激进派"，包括众多的激进知识分子、青年学生和共产党人。他们以学校、街头和以中吕宋为中心的乡村地区为活动基地，开展"反帝反封建反法西斯主义"的民族主义运动。此外，以马科斯为代表的"保守派"，包括国民党和自由党党员、财富家族和寡头等，在20世纪60年代末期也提倡"独立外交"政策，主张改善菲美关系、关注社会公正。④ 1968年，马科斯下令取消了不与共产党国家进行直接贸易的禁令，准许进行有限度的贸易，允许菲律宾的贸易代表团和

---

① Martin Meadows, *Colonialism, Social Structure and Nationalism: the Philippine Case*, Pacific Affairs, Vol. XLIV, No. 3, Fall, 1971, pp. 337–338.
② 马燕冰、黄莺：《菲律宾》，社会科学出版社，2007年版，第113—114页。
③ 胡才：《当代菲律宾》，四川人民出版社，1994年版，第143页。
④ 周东华：《战后菲律宾现代化进程中的威权主义起源研究》，人民出版社，2010年版，第45页。

友好人士访问中国。① 1972 年 9 月，马科斯以共产党可能接管政权为由，取消宪法，宣布实行军管。马科斯的军管政权许诺建立一个稳定、和平、切实进行土地改革和财富更加公平的"新社会"：即以"合法独裁"取代"旧社会"。马科斯的军管"新社会"，通过镇压叛乱与严厉惩治持不同政见者来稳固秩序，也曾致力于通过摆脱与美国亲密的盟友关系，为菲律宾赢得更多的外交政策的独立性。② 马科斯更多强调地区主义，加强东盟地位，发展与共产党国家的贸易与外交关系，使菲律宾更密切地与第三世界打成一片。1975 年 6 月，马科斯与中国签署《联合公报》，中菲两国正式建立外交关系。

菲律宾民族主义者在组织联合上作了探索尝试，他们于 1967 年 2 月 8 日，成立了各派力量的联合阵线组织"民族主义促进运动"(the Movement for Advancement of Nationalism，MAN）。该阵线成立宣言规定："废除与美国的军事基地条约、军事援助协定和共同保卫条约，废除马尼拉公约，最终从菲律宾国土上撤走所有外国军事基地"等体现菲律宾独立的内容。③ 总起来说，独立后菲律宾民族主义运动的兴起与发展，对捍卫民族主权、促进民族觉醒发挥了重要作用。

三、 努力建设相对自主的国民经济体系

战后，包括菲律宾在内的东南亚国家都把经济增长（国民财富增加）作为普遍追求的目标。为此，它们重视政府干预经济的作用，调整国家经济结构，努力扩大工业产业，尽力把财富和生产本国化，

---

① 李涛、陈丙先：《菲律宾概论》，世界图书出版公司，2012 年版，第 141 页。
② ［新西兰］尼古拉斯·塔林：《剑桥东南亚史》第 2 卷，云南人民出版社，2003 年版，第 490 页。
③ 周东华：《战后菲律宾现代化进程中的威权主义起源研究》，人民出版社，2010 年版，第 46 页。

实现民族自给。①振兴民族经济，努力建设相对自主的国民经济体系，也是菲律宾政府的奋斗目标。

由于二战的严重破坏，1946年菲律宾独立后，首先要经历一个经济上的恢复时期，即在殖民地经济模式的基础上对初级产品出口经济的恢复与重建。其后，由于本国工业基础非常薄弱及其他原因，菲律宾经历了一个比较长的进口替代工业化发展阶段，着力发展民族工业，推动国民生产总值的增长。②菲律宾独立后第一任总统罗哈斯，因为与美国签订了许多不平等条约而在国内广受批评。第二任总统季里诺在遵守前总统同美国签订的条约的同时，坚持民族主义，经济上主张自力更生和减少对美国的依赖。第三任总统麦格赛赛虽然是个地地道道的亲美派，但他在经济上却主张菲律宾优先，因此在国内仍然受到尊敬。第四任总统加西亚在经贸上明确提出"菲律宾优先"的政策，在文化上主张复兴菲律宾文化艺术和发展民族舞蹈。第五任总统马卡帕加尔对菲律宾优先政策有所调整，取消工业产品的进口限制，结果对本国的制造业造成一定程度的冲击。但马卡帕加尔行使宪法赋予的总统权力，于1962年5月12日签发总统公告，把菲律宾独立节从7月4日（美国的独立日）改为6月12日，使成千上万名争取菲律宾独立的先烈们在九泉之下得以安慰。③第六任总统马科斯（1965—1986任职）上台后，再次重回自力更生和调控进口的政策，着力振兴民族经济。

总起来看，独立后二三十年，菲律宾政府在发展经济上有两大鲜明特点：一是推行经济民族主义，采取各种"菲化"措施（主要针对美国人和华人），减少外侨外商之影响力；二是推行进口替代战略，培育本国工业生产之基础。

---

① ［新西兰］尼古拉斯·塔林：《剑桥东南亚史》第2卷，云南人民出版社，2003年版，第372页。
② 黄云静等：《发展与稳定：反思东南亚国家现代化》，时事出版社，2011年版，第296页。
③ 朱幸福：《风云诡谲的菲岛政坛》，中国社会科学出版社，2002年版，第14—26页。

先看菲律宾政府推行的经济民族主义政策。这种民族主义政策，在1946年宪法里已有所提示。根据该宪法第十三章第一条之规定："凡公有农地、林地与矿地，水利、煤、石油与其他矿油，各种动力潜能，与菲律宾所有的其他天然资源，全部属于国家所有。对其处理、开发、发展或利用，应限于菲律宾公民，或资本百分之六十为菲律宾公民所持有之公司或组合。"另据宪法第十章第八条之规定："特权、证书或其他经营公用事业之授权书，不得授予任何人，除非予菲律宾公民或公司，或其他依菲律宾法律而设立的机构，其资本百分之六十为菲律宾公民所有者。"此为关于天然资源开发与公用企业的菲化规定。此后，菲律宾国会相继通过下述重要的菲化案：1948年的银行法、1948年的菜市菲化案、1954年的零售商菲化案、1955年的铅工法（有关专门职业菲化）、1960年的米黍业菲化案。[①]有学者指出，从1946年（菲岛独立）到1961年的15年间，菲化运动不但是国家主义最具体的表现，也是岛国经济政策的主流。不但政治人物，以发表菲化议论，炫耀爱国主义为时髦，报刊作者也多有讨论菲化运动的文字，内容几乎一致强调推行菲化运动，达到菲人掌握自己的经济大权的重要意义。在罗哈斯、季里诺、麦格赛赛和加西亚这四位总统任内（1946—1961），每年的百日国会（国会会期百日，一月中旬开始，五月底结束）提案最多的就是菲化案，少则三十多件，多则近百件，甚或百件以上。[②] 菲化运动的目的很明确，即夺取或限制外侨的经济机会，籍以提高国人的经济地位，控制本国经济。当然，由于菲化政策带有强烈的排外性，副作用也很明显。菲国实施大规模经济建设，本需大量引进外资。但菲化政策使外资心存戒惧、裹足不前，业在菲国的外侨资本相率出逃。1962年马卡帕加尔总统上台，菲化运动走向下坡路，渐趋低潮。[③]

---

① 陈鸿瑜：《菲律宾政治发展》，台湾商务印书馆，1980年版，第250页。
② 陈烈甫：《菲律宾的资源经济与菲化政策》，台北正中书局，1969年版，第205页。
③ 陈烈甫：《菲律宾的资源经济与菲化政策》，台北正中书局，1969年版，第206页。

再看菲律宾的进口替代战略。可以说，菲律宾是东南亚国家进口替代工业化的先驱，从1949年到1957年，它的进口替代工业部门年均增长率达12%。朝鲜战争所带来的经济繁荣，促使菲人均国民生产总值增长率以年均约4%的速度递增，直到1960年，它的人均收入仍高于中国台湾地区和韩国。不过，从60年代后期起，由于有限的需求和过分保护所造成的低效率，菲律宾的制造业增长速度开始明显放慢。一方面产品价格下跌，另一方面它的年均人口增长率达到3%，导致人均国民生产总值增长率下降到仅2%左右。进口替代工业化中的既得利益集团（包括美国人和菲律宾人），阻止了由本国及外国专家极力主张的出口导向工业化战略的实施。[1] 另外，由于美菲之间有不平等贸易协定,[2] 加之本国产业基础薄弱与资本匮乏，实行进口替代政策的必然结果是外资的不断涌入，菲律宾成了以美国为首的国际资本的重要投资场所。外国资本不仅投资初级产品加工业、轻工业产品制造业，而且还投资于电力、建筑等基础行业。到1970年，外资控制着具有战略意义的经济部门，菲律宾经济的基本控制权仍掌握在外国人手中。可以说，在战后新的国际分工体系中，以外资企业为主的菲律宾制造业成为国际市场中的重要环节，菲律宾也以这种特殊方式融入了全球经济。[3]

1972年，马科斯借口面临叛乱威胁与经济运行不佳，颁布军事管制法。在随后的八年中，菲律宾的人均增长率达到3%（但仍属

---

[1] ［新西兰］尼古拉斯·塔林：《剑桥东南亚史》第2卷，云南人民出版社，2003年版，第386页。

[2] 1946年美菲签订《贝尔贸易法》（Bell Trade Act）规定了两国间较长期的自由贸易及其后的优惠关税贸易；1954年修订该法通过"劳雷尔—兰格利协定"（the Laurel-Langley Agreement），增加"互不歧视条款"，美菲双方均得在对方从事商业活动。但由于菲人资本有限，在美投资额不大，实不足以影响美国。反之，美商在菲投资巨大，深切地影响菲律宾之经济。参见陈鸿瑜：《菲律宾政治发展》（台湾商务印书馆，1980年版）第251页。

[3] 陈衍德、彭慧等：《全球化进程中的东南亚民族问题研究》，厦门大学出版社，2008年版，第214页。

于东盟国家中最低的），这要归功于"绿色革命"①、建筑业的繁荣和商品价格的猛涨，当然最重要的还是日益增多的外国贷款。从1972年到1979年，菲律宾的外债总额从22亿美元上升到90亿美元，在这一过程中，政府贷款首次超过私人贷款。然而，这些资金的大部分都直接落入马科斯及其"亲友"的腰包，而不是投资于生产性领域。1979年第二次石油危机的爆发及其带来的商品价格的暴跌，开始使菲律宾陷入"债务陷阱"。菲律宾政府不得不举借比以往更多的借款，而且这些借款都是以最坏的条件偿还的。仅1980—1983年三年内，它的外债总额就从占国民生产总值的6.6%上升到49.4%，而同一时期经济的人均增长率则从2%下降到零。② 1983年菲律宾外债总额达到246亿美元，成为世界十大债务国之一。③ 1983年8月31日，反对党领袖贝尼尼奥·阿基诺自美返菲，刚走下飞机即被枪杀。其后，菲律宾国内矛盾激化，民众失去信心，经济随之崩溃。1984年与1985年菲律宾经济均为负增长，菲律宾失业人口猛增，广大人民对政府日益失望与不满。

总起来说，菲律宾政府与人民为振兴民族经济、建设相对自主的国民经济体系作出了艰巨努力。他们取得一定成功，也走过弯路，付出惨重代价。

四、 打击叛乱与国家整合

"菲律宾"完全是一个近代现象（是海上大航道开辟、西班牙

---

① "绿色革命"（实际上是新的高产作物品种的培育及灌溉、化肥和农药的一个复杂的一揽子计划）是战后东南亚农业技术革新的著名例子。20世纪60年代中期，总部设在菲律宾的国际水稻研究所开始发起这项革命，然后迅速扩展到其他国家。在不到十年的时间里，一些大米进口国如印度尼西亚和菲律宾等很快实现了自给自足。参见尼古拉斯·塔林《剑桥东南亚史》第2卷（云南人民出版社，2003年版）第383页。
② [新西兰]尼古拉斯·塔林:《剑桥东南亚史》第2卷，云南人民出版社，2003年版，第386—387页。
③ 李涛、陈丙先:《菲律宾概论》，世界图书出版公司，2012年版，第140页。

人东来后的产物），古代从来没有这样一个国家；菲律宾群岛上古代也从未有过一个统一的国家。古往今来，菲律宾群岛上一直是拥有不同语言文化的众多族群存在。在多个不同族群的基础上（今天菲律宾北部的天主教徒与菲南穆斯林是菲律宾两个最大的族群）建设一个统一的国家，其难度之大可想而知。

16世纪西班牙人入侵后，西班牙人惊异地发现许多菲律宾人像非洲和西班牙的摩尔人（Moor）一样信奉伊斯兰教。因此，他们就把穆斯林菲律宾人叫作摩洛人（Moro）。[①] 西班牙殖民者在菲律宾传播天主教，在占领区大力推行消灭原有文明的政策，摧毁了大量穆斯林文化遗迹。马尼拉历史上曾经有多座清真寺，西班牙人来后不久便荡然无存了。西班牙采取"政教合一"的政策，以致政治化与宗教化的地理范围是相同的，即皆仅及于菲律宾群岛的北部与中部。[②] 与中北部相比，菲律宾南部伊斯兰教传播较早、较深入，菲南伊斯兰化使其内部产生了强大凝聚力，共同的信仰为不同部族的穆斯林提供了认同的基础，他们虽然语言、习俗各有不同，但在统一的宗教旗帜下，自视为一个不可分割的整体，从而在面对外来侵略时能进行持久有效的抵抗。当地伊斯兰学校成为人民获得知识的主要场所，苏丹世系表的流传和保存则是民族记忆的象征。[③] 可以说，"棉兰老和苏禄如果不是受益于伊斯兰教带来的（统一）意识，早就被西方殖民主义所席卷，成为被征服的人民了"。[④] 因此，天主教与伊斯兰教之冲突从西班牙占领起即已开始，一直持续到20世纪70年代终于爆发为严重的内战，并构成菲律宾国家整合之最严重挑战。

---

① [菲] 赛义德：《菲律宾共和国：历史、政府与文明》，商务印书馆，1979年版，第237页。
② 陈鸿瑜：《菲律宾政治发展》，台湾商务印书馆，1980年版，第253页。
③ 陈衍德、彭慧等：《全球化进程中的东南亚民族问题研究》，厦门大学出版社，2008年版，第200页。
④ Majul, *Muslims in the Philippines*, the University of the Philippines Press, 1978, p. 84.

从 16 世纪中叶西班牙占领菲岛时起，即宣布对棉兰老岛和苏禄群岛之主权，然而当时南部穆斯林活动地区有两个伊斯兰教王国带头坚决反对，并进行武装抵抗。这两个伊斯兰教王国：一是首都设在古达描的马巾达瑙王国，二是首都设在和乐的苏禄王国，皆由苏丹统治，具有封建色彩与伊斯兰教文化特质。自 1569 年起，西班牙曾数度派遣远征军攻打棉兰老岛与苏禄群岛的穆斯林，皆未获得胜利。直至 1860 年 7 月西班牙开始在菲南部设立"棉兰老政府"，下辖三宝颜区、东方区等六区。1878 年 7 月，西班牙与苏禄苏丹签订条约，苏禄成为"棉兰老政府"辖下的第七个区，苏丹国则受西班牙保护。这个条约虽使西班牙的势力扩展到南部，然仅是表面上的统治关系，实际上穆斯林仍信仰伊斯兰教，并维持其独特的社会制度，西班牙的教育制度和法律皆未曾在这些地区实施，亦未曾从此地区征收赋税，到西班牙统治时代结束，西班牙并未曾在南方取得合法性地位。[1]

1898 年，美国与西班牙爆发战争，西班牙战败。在菲律宾问题上，西班牙人虽未曾占领并管理摩洛兰（摩洛人领地）一带，但在停战条约上仍把该地划给了美国。美国人接手后，首要任务是平定菲律宾中北部的反抗。美国遂与南部的穆斯林进行政治谈判，约翰·贝兹先后与苏禄苏丹及马巾达瑙苏丹签订《吉兰姆—贝兹条约》。按照条约规定，美国人不进入菲律宾南方，菲南事务由摩洛人自治管理。然而，等到中北部局势稳定以后，美国就改变了对菲南穆斯林的政策。1904 年，美国单方面废除《吉兰姆—贝兹条约》，试图对菲南进行直接控制，并强行军管。美国对摩洛人的血腥行动，于 1906 年 3 月 6 日的布德达加战役达到顶峰。1911 年美国人试图彻底解除摩洛人武装，文官政府意欲接管政权。[2] 然而，美国人数度动武

---

[1] 陈鸿瑜：《菲律宾政治发展》，台湾商务印书馆，1980 年版，第 255 页。
[2] ［新西兰］尼古拉斯·塔林：《剑桥东南亚史》第 2 卷，云南人民出版社，2003 年版，第 244 页。

仍不能解决问题，于是改采温和不干涉穆斯林宗教事务之政策，在1915年与苏禄苏丹签订"卡本特协定"（Carpenter's Agreement）——苏丹放弃世俗权力，美国则承认其为穆斯林的精神领袖，并支给终身俸给和土地。在美国的绥抚政策下，穆斯林始与天主教徒相安居处，唯仍保留其宗教信仰和风俗习惯，抗拒殖民化和西方化。至此，这一从1450年在菲岛建立并且存在达465年的土著国家——苏禄王国遂灭亡，其最盛时，领地伸及整个苏禄群岛、巴西兰、巴拉望、三宝颜附近海岸和北婆罗洲等地。①

当然，与西班牙的统治有所不同，美国对摩洛人试图采取所谓的"吸引"政策，就是希冀菲律宾北部政治、经济及文化上的"美国化"所带来的进步繁荣，对南部的摩洛人产生一定的冲击，从而使他们主动融入北方文明之中。为此，美国人在菲南进行了一系列改革。政治上，实行政府职位的"菲化"、"以菲治菲"；经济上，为开发南方资源，竭力鼓励北方天主教徒移居南方，同时无视摩洛人土地共有的传统，颁布多项土地法令，要求土地私有必须经过政府批准，还把大量土地充公并分给南下的天主教徒移民；文化教育上，推行美式教育，企图以此培养穆斯林青少年对西方文化的亲近感。1935年自治政府成立后，更是置摩洛人的传统习俗于不顾，以更大规模的移民来传播北方文化。用摩洛人的观点来看，美国人解除了他们的武装，瓦解了他们的政治组织，然后把他们移交给他们的敌人（北方天主教徒）。②

总起来说，美国殖民当局及自治政府的南部政策是不成功的。对摩洛人来说，美国人依然是非法占领者，天主教徒还是殖民者欺侮摩洛人的帮凶与走狗。除了持续反抗美国的统治之外，1914年以后摩洛人多次提出要求与菲律宾分离。1924年，一群穆斯林上层人

---

① 陈鸿瑜：《菲律宾政治发展》，台湾商务印书馆，1980年版，第256页。
② ［新西兰］尼古拉斯·塔林：《剑桥东南亚史》第2卷，云南人民出版社，2003年版，第245页。

士向美国国会递交了一份《权利与目标的宣言》，声称代表50万穆斯林，"坚决要求作为一个摩洛国家、一个具有宪法意义的苏丹国得到世界的承认"。1935年，121名拉瑙大督联名给罗斯福总统写信，指出菲律宾是由两个拥有不同宗教习俗和传统的不同民族构成，因此强烈要求穆斯林聚居区不被并入即将成立的菲律宾联邦。① 1936年，苏禄苏丹查马尔·乌勒·基拉姆去世后，吕宋岛的民族主义政府拒绝承认他的继任者的合法地位，因此苏丹的职位至此寿终正寝（除了对北婆罗洲的主权外），但它的领土并没有完全并入菲律宾。② 美国在太平洋战争失利后，日本取代美国占领菲岛，然而相当大部分的棉兰老岛未在沦陷时期受到日本的管制，日本对菲南穆斯林几乎毫无政策可言。③ 第二次世界大战后，美国于1946年宣布废除海外殖民政策，菲律宾正式独立。美国政府不顾摩洛人的反对，在与菲律宾马尼拉当局签订条约时，将摩洛兰一并划归菲律宾政府。

菲律宾独立不久，吕宋就爆发了要求重新分配土地的"胡克运动"。直到20世纪50年代中期"胡克运动"平定以后，菲律宾政府才把解决南部的"摩洛问题"提上议事日程。1954年，菲律宾参议院成立了专门委员会研究"摩洛问题"，根据该委员会的调查报告，"摩洛问题"的症结在于"这个国家的穆斯林没有对国家的归属感"。④ 为此，菲律宾政府于1957年成立了"国家同化署"（Commission on National Integration），专责管理约600万少数民族，署下共设9个地区办事处。⑤ 同年，菲律宾政府颁布了1888号法令，正式出台"整合政策"，主要目的是"以更快、更全面的方式来实现非

---

① 陈衍德、彭慧等：《全球化进程中的东南亚民族问题研究》，厦门大学出版社，2008年版，第209—210页。
② [新西兰]尼古拉斯·塔林：《剑桥东南亚史》第2卷，云南人民出版社，2003年版，第25页。
③ 陈鸿瑜：《菲律宾政治发展》，台湾商务印书馆，1980年版，第257页。
④ Majul, *The Contemporary Muslim Movement in the Philippines*, Mizan Press, 1985, p. 32.
⑤ 陈鸿瑜：《菲律宾政治发展》，台湾商务印书馆，1980年版，第257页。

基督教徒菲律宾人及弱势文化集团在经济、社会、意识形态及政治上的进步；使这些弱势文化集团真正、全面、永久地融入国家政治实体"。"整合政策"的内容事实上主要包括两个方面：一是加快北部天主教徒向南部的移民，以促进南部融入作为整体的国家；二是向穆斯林传播天主教和灌输西方文化，并以政治拉拢和西式教育来同化穆斯林，以改变摩洛人的"野蛮"和"落后"状况。[1] 经过几轮移民高潮，菲律宾南部的人口构成已发生重大变化。棉兰老地区的非摩洛人口的比重持续上升，由1903年的24%升至1939年的66%，再升至1975年的80%；反之，摩洛人的比重由1903年的76%降到1939年的34%，再降到1975年的20%。[2] 大量北部天主教徒的涌入必然造成南部资源的重新分配，本属摩洛人的土地不断被剥夺。二战前棉兰老和苏禄的绝大部分土地为摩洛人所有，到20世纪60年代末期，穆斯林名下的土地只占总面积的30%左右，人均土地也从5公顷（1939年）降到1.75公顷（1960年），但他们拒不承认天主教徒的土地所有权，他们坚信为本属自己的土地而战是正义的。[3] 从文化层面看，"整合政策"事实上就是通过发展计划和教育推广等措施，用北方的天主教文化同化南方的伊斯兰文化。

应该说，过去400年里，菲南一直进行着一场保卫穆斯林居住地免遭北方的基督徒控制的斗争。由于穆斯林自身的人数仅占菲律宾人口的8%，而且大部分集中在棉兰老、苏禄和巴拉望。有学者认为，如果不是政府自20世纪50年代起采取的政策使穆斯林与基督徒的关系恶化，这样小的一个少数民族本来可以被包容在菲律宾的政治体制中。穆斯林表达的不满是反对基督徒继续移居南方，这种

---

[1] 陈衍德、彭慧等：《全球化进程中的东南亚民族问题研究》，厦门大学出版社，2008年版，第216—217页。

[2] 李涛、陈丙先：《菲律宾概论》，世界图书出版公司，2012年版，第71页。

[3] 陈衍德、彭慧等：《全球化进程中的东南亚民族问题研究》，厦门大学出版社，2008年版，第218页。

移民除了对穆斯林的土地控制权构成威胁外，还有使南方基督化的危险。当地的基础设施最终也会被当地的基督教部门控制。[①] 从马尼拉政府的角度看，它在南方的政策是同化和统一战略；对于当地穆斯林来说，这些政策无疑是强迫他们接受以民族主义姿态出现的强烈的殖民主义。本来新兴民族国家进行现代整合无可厚非，问题出在菲律宾执政当局无视摩洛人的根本权益，没有采取任何权益保障与促进措施。结果，广大穆斯林的处境非但没有因之改善，反而大大恶化。因此，菲律宾的国家整合并不成功，这种"以大欺小"的整合不可避免地激起了南部的反抗。

菲律宾总统马科斯的无所顾忌终于激怒了穆斯林，1969年，穆斯林青年密苏阿里与萨尔马特建立"摩洛民族解放阵线"（Moro National Liberation Front，MNLF，简称"摩解"），并组建了自己的军队，目标就是从菲律宾分离出去，在菲南建立一个独立的"摩洛国家"。摩洛民族运动机敏的领导人密苏阿里最终决定寻求利比亚及伊斯兰会议成员国的支持。同时，居住在苏禄和沙巴的陶苏戈人在边界地区联系紧密，建立了工作关系。[②] 马尼拉和吉隆坡之间的关系，也因之更为复杂。"摩洛民族解放阵线"从沙巴得到了坚定的物质上的支持，沙巴的首席部长敦·穆斯塔帕是具有远大抱负的摩洛血统的人。[③] 1972年9月，菲律宾总统马克斯颁布菲律宾《军事管制法》，向南方大举用兵，大肆杀戮。1972—1976年，"摩解"与政府军展开激战，一度攻占和乐等重要城市，政府军伤亡惨重，"摩解"也付出重大代价。中经伊斯兰国家斡旋，菲律宾政府与"摩解"在

---

① ［新西兰］尼古拉斯·塔林：《剑桥东南亚史》第2卷，云南人民出版社，2003年版，第436页。

② ［新西兰］尼古拉斯·塔林：《剑桥东南亚史》第2卷，云南人民出版社，2003年版，第440页。

③ 当敦·穆斯塔帕在1976年的沙巴选举中被赶下台后，"摩洛民族解放阵线"失去了最主要的外部支持。与此同时，菲律宾政府与"摩洛民族解放阵线"的和谈取得进展，双方于1976年签订了《的黎波里协定》。参见尼古拉斯·塔林《剑桥东南亚史》第2卷（云南人民出版社，2003年版）第490页。

利比亚首都的黎波里就摩洛人地位问题展开谈判，双方最终于1976年签订了《的黎波里协定》。菲律宾政府同意在南部13个省建立穆斯林自治区，"摩解"相应放弃独立要求。但是，菲律宾总统马科斯节外生枝，欲在南部13个省举行公民投票，让民众自我决定是否自治。由于13个省中有9个天主教徒已占多数，"摩解"反对就此公投。结果双方谈判最终破裂，《的黎波里协定》成为具文，内战重新爆发。

1977年以后，"摩解"由于内部派系矛盾和外国援助减少等原因，逐步分裂为数派。1982年，分裂出来的萨尔马特成立了"摩洛伊斯兰解放阵线"（Moro Islamic Liberation Front，MILF，简称"摩伊"）。稍后，"摩解"中又分裂出以潘多为领导的"摩洛民族解放阵线改革派"。到20世纪80年代初，摩洛地区反抗运动已分解为五六个大小组织，各自旗下拥有人数不等的武装力量。① 其中，"摩解"与"摩伊"是力量最大的两个摩洛反抗组织。

1986年，马科斯的专制统治被推翻，阿基诺夫人上台执政，菲律宾恢复了民主政体。鉴于国家局势动荡不安，阿基诺夫人力求快速解决摩洛问题。菲律宾政府与"摩解"重启和谈进程，在双方就是否通过公投过渡到自治悬而未决的情况下（由于在南部多数省摩洛人已沦为少数，"摩解"始终反对公投），阿基诺夫人毅然就摩洛人自治采取了单方行动。1989年8月，菲律宾参众两院通过了《穆斯林棉兰老自治基本法》（RA6734），11月菲南部13个省就自治问题举行了全民公投。不出所料，公投结果是只有穆斯林人数占多数的4个省即南拉瑙、马巾达瑙、苏禄和塔威—塔威通过了自治投票。菲律宾政府确认四省建立"棉兰老穆斯林自治区"，但因多项承诺未落实，引发区内穆斯林青年加入更加激进的摩洛伊斯兰解放阵线或

---

① 陈衍德：《多民族共存与民族分离运动：东南亚民族关系的两个侧面》，厦门大学出版社，2009年版，第170页。

阿布萨耶夫（成立于20世纪90年代初）等组织，冲突仍绵延不绝。阿布萨耶夫更是声言"建立伊斯兰教国"是其唯一目标，到处制造恐怖事件。

看来，菲律宾的民族和解与国家整合还有很长的路要走。

第三节 安全利益、经济利益与海权意识

一、纵向看世界海贸格局调整深度影响马尼拉繁荣

菲律宾是群岛型国家，岛内资源长期开发不足，因而对海上贸易与海上交往有相当程度的依赖。世界海贸格局尤其是东亚海贸格局的调整，就有可能影响到马尼拉的繁荣与稳定。历史上如此，今天仍依旧。在1593年到1815年的"大帆船贸易"中，马尼拉的繁荣是建立在其事实上作为贸易中转站的地位之上的（主要是中国商品经马尼拉运往墨西哥的阿卡普尔科）。美国历史学家卡迪就指出，当时的大帆船"装载着收集到的各式各样商品。除装载棉花和最后装些马尼拉雪茄外，极少装运菲律宾产品。"[1] 墨西哥用白银交换经马尼拉大帆船（船队归西班牙王家所有）运来的中国及印度商品。当时，每年3月前后约有三四十艘中国帆船（满载各种各样的商品）前来吕宋，这要根据海盗为患情况和马尼拉白银供应状况而定。"新西班牙（墨西哥）继续外流的白银虽给马尼拉极少数有特权的人带来好处，但大部分都落入中国和印度商人手中。"[2] 因此，马尼拉的变态繁荣（大帆船贸易只增加了少数人的财富，他们一年大部分时

---

[1] ［美］约翰·卡迪：《东南亚历史发展》，上海译文出版社，1985年版，第311页。
[2] ［美］约翰·卡迪：《东南亚历史发展》，上海译文出版社，1985年版，第310页。

间无所事事，醉生梦死，花天酒地①），是建立在贸易中转地位上的。到20世纪一二十年代，西班牙美洲帝国的崩溃断绝了白银的来源，迫使马尼拉重新调整贸易方向，开展对欧洲的贸易。1811年，最后一艘大帆船离开马尼拉，从阿卡普尔科出发的最后一艘船是在1815年到达的。到1818年菲律宾对欧贸易初步见效，该年有27艘英国和美国船到达马尼拉，来自中国和西班牙的船只却只有22艘。但在1842年后，由于英国同中国签订了《南京条约》，在中国南部沿海增辟5个口岸，因此，马尼拉的贸易格局再度崩溃。中国帆船或外国商人没有理由再常到马尼拉去。到了1850年，商业凋敝，马尼拉破产了。菲律宾除了烟草贸易垄断外，别无所有。在该世纪剩下的时间里，菲律宾总的经济形势仍在继续恶化。②

国内产出不足、严重依靠海贸与对外交往的故事，还在菲律宾上演。时下，菲律宾号称是世界第四大造船国，其实主要是韩国人的投资，市场也是面向海外。菲律宾只是出点地皮、人力与收点税而已。菲律宾国内就业市场也非常有限，劳动力严重过剩，只能面向海外。菲律宾已成为世界上最大的劳动力出口市场，其对国际市场波动反应敏感。

二、菲律宾的安全威胁主要来自海上

作为群岛型国家，海上力量与制海权对菲律宾国家安全至为重要。长久以来，菲律宾的安全威胁均来自海上。就是内部的反叛包括菲南摩洛人的反抗，往往也要借助海洋和海上交通工具。

无论是现在的菲律宾政府，还是以前的菲律宾殖民政府（西班牙与美国），均有这方面的经验教训。政府如果没有较强的海上力量

---

① ［菲］赛义德：《菲律宾共和国：历史、政府与文明》，商务印书馆，1979年版，第279页。

② ［美］约翰·卡迪：《东南亚历史发展》，上海译文出版社，1985年版，第326页。

并有一定的制海权，就不能实现和维护国家的统一，更不能应对来自外部的挑战。

西班牙殖民菲律宾三百多年，始终没有实现对菲律宾南部的有效控制，就是因为西班牙在制海权方面存在缺陷，而菲南穆斯林擅长海上活动并有较强的海上力量。

从1578年西班牙殖民者对苏禄首府和乐进行侵扰以来，直到1898年西班牙放弃菲律宾，菲南穆斯林与西班牙人双方互有攻守，战事一直不断。面对西班牙的入侵，菲南的苏禄、马巾达瑙等苏丹国结成同盟，联合对敌。1596年，西班牙殖民当局组织一支近2000人的远征队，对马巾达瑙发起猛烈进攻。结果遭到菲南穆斯林的英勇反击，远征队被迫退出棉兰老河下游地区。1599年，马巾达瑙人与布亚安人联合起来，从海上对宿务、内格罗斯等地的西班牙据点发起一系列袭击，次年又组织穆斯林进攻比萨扬群岛，均取得胜利。1628年和1630年，西班牙殖民者又对和乐发动两次大规模进攻，但都遭到失败。多次失败迫使殖民者寻找原因，耶稣会传教士们认为海战的胜利需要建立一个牢固的补给据点，殖民当局采纳了这一建议，开始在三宝颜修筑"皮拉尔堡"要塞。要塞建成以后，穆斯林一度陷入被动挨打的局面，1637和1638年马巾达瑙首府莱米坦和苏禄苏丹国的和乐相继落入西班牙手中。但穆斯林并未气馁，在1639年的拉瑙湖战斗中，科拉律特苏丹组织起环湖地区的大督们奋勇抵抗，给予西班牙侵略军毁灭性打击，使西班牙人此后近200年不敢染指环湖地区。此役后，苏禄苏丹与马巾达瑙苏丹联合进攻三宝颜，西班牙驻军备受打击。时值郑成功收复台湾后，为防备其进攻菲律宾北部，西班牙人加强吕宋地区的军力，不得不退出了三宝颜。其后，双方进入较长期的休战阶段。1763年，西班牙在"七年战争"中战败，英军趁机占领马尼拉，西班牙在菲律宾的统治几近瘫痪。菲南穆斯林则抓住机会，组织了强大的海上船队，深入菲律宾中北部西班牙据点，发动了大规模进攻。此后近半个世纪里，穆斯林掀起了反击西班牙殖民者的高潮，西班牙人则穷于应付。[①]

直到1840年代，西班牙殖民政府陆续购买了当时最为先进的汽船装备海军，西班牙人开始有了较为明显的海上力量优势。1848年，装备一新的西班牙船队第一次使用汽船对巴兰金吉岛发动进攻，武器装备落后的穆斯林不能抵御，最终放弃了巴兰金吉岛。此后，菲南穆斯林屡战屡败，苏禄苏丹与马巾达瑙苏丹不得不与西班牙人签订和约，承认西班牙的宗主权（西班牙直到撤退前对菲南仍未实现真正的控制）。[②] 西班牙殖民者的经验教训，对以后的美国殖民政府及菲律宾共和国政府都有一定启发。

1899年，通过美西战争，美国人从西班牙手中接管了菲律宾。由于美国的海上力量与制海权明显强于西班牙，因此，与西班牙相比，美国对菲南穆斯林的管控更为深入。当然，美国奉行"以北治南"政策，就把矛盾转嫁给了北方的天主教徒，埋下了日后菲律宾南北两大族群进一步冲突的种子。

另外，二战期间，日本对菲律宾的威胁也是来自海上（先占中国南沙，再据以侵占菲律宾）。早在1907年，日本就觊觎南中国海资源，竭力鼓吹"水产南进"。在日本政府的倡导之下，大量日本人来到南中国海并对南中国海地区的资源进行掠夺。之后，又有日商组织调查队，在南海海域进行非法活动。更有甚者，日本还组织了所谓的"探险队"，"其探险之目的是'把无人之岛变为日本的新领土'，他们到达了南沙群岛的五个岛，即北子岛、南子岛、西月岛、中业岛和太平岛，并在西月岛树立所谓的'占有标志'，充分暴露了其侵略野心。"1939年2月28日日军占领海南岛后，3月1日随即又占领西沙群岛。1940年，日本在控制法属印度支那的同时占据了

[①] 陈衍德、彭慧等：《全球化进程中的东南亚民族问题研究》，厦门大学出版社，2008年版，第204—205页。

[②] 陈衍德、彭慧等：《全球化进程中的东南亚民族问题研究》，厦门大学出版社，2008年版，第206页。

南沙部分岛礁,作为其"大东亚战略"的军事基地。①南沙部分岛礁就成为日军进一步"南进"的基地。可以说,二战时期,日军凭借海上优势预先占领了南沙群岛,并以之为据点侵略了包括菲律宾在内的一些东南亚国家。菲律宾从此对南沙部分岛礁的战略安全价值有了深刻的认识,1946年7月23日,刚刚独立的菲律宾政府即表示,出于国家安全的考虑,菲律宾拟将位于巴拉望(Palawan)岛以西200海里处的南沙群岛"纳入国防范围"。②当时的菲律宾财政部长季里诺向总统建议吞并南沙,但因美国反对而搁浅。1948年季里诺出任总统,又多次鼓吹吞并南沙部分岛礁。1950年,季里诺宣称,如果南沙群岛落入敌国手中,将威胁菲律宾的国家安全。他强调,菲律宾是距南沙群岛最近的国家,理应将其纳入版图。③

菲律宾侵占中国南沙岛礁的行动由此拉开了序幕。此后,菲律宾多次组织登上南沙群岛,进行侦察勘测活动。1956年3月1日,"菲律宾海事学会会长"托马斯·克洛马率领他创办的海事学校的学生及其他人员共40人,组成所谓的"探险队",驾驶学校第4号练习船,携带轻便器材,从马尼拉出发,前往南沙群岛海域"探险",登上了北子岛、南子岛、中业岛、南钥岛、西月岛、鸿庥岛、南威岛等9个主要岛屿,在这些岛上竖起"占领"牌,并向菲律宾外交部要求宣布对这些岛屿拥有主权。1956年3月17日,克洛马将其"占领"的岛屿命名为Freedom Land("自由地")。1956年5月11日,克洛马组织人员在所谓的"自由地"各岛升国旗,自任所谓"总统","建都"中业岛,同时还请来了莫顿·弗雷德里克·米兹(Morton Frederick Meads)做名誉国王。1956年5月21日,克洛马在菲律宾副总统兼外长加西亚的支持下,以他首先"发现"岛屿为由提出菲律宾对南沙享有主权。其策略是民间人士先占,继而要求

---

① 邱普艳:《中越南海争端的由来与现状》,《东南亚南亚研究》,2014年第1期。
② 张明亮:《超越僵局:中国在南海的选择》,香港社会科学出版社,2011年版,第190页。
③ 鞠海龙:《菲律宾南海政策:利益驱动的政策选择》,《当代亚太》,2012年第3期。

菲律宾政府提供相应保障。1956年5月29日，中华人民共和国外交部发言人严正声明中国对于南沙群岛拥有主权，绝对不允许任何国家以任何借口和采取任何方式加以侵犯。1956年12月14日，克洛马向菲律宾总统麦格塞塞递交请愿书，请求将"卡拉延自由地"变为菲律宾的保护国。12月29日，菲律宾政府宣布接受克洛马的请求。克洛马随后开始着手开发南沙的磷矿（海鸟粪）资源。他向日本和新西兰的买主预售了4000吨磷矿。但是试图采挖磷矿的菲律宾工人遭到太平岛中国台湾驻军及军舰的驱逐。1971年7月，菲律宾马科斯政府正式对中国南沙群岛的60个岛屿、岛礁和沙洲提出主权要求，并将它们命名为"卡拉延群岛"（Kalayaan Island Group）。1974年初，克洛马修改"自由地"的"宪法"，宣布将政体变为公国，自任亲王。1974年11月，菲律宾总统马科斯下令逮捕克洛马，原因是克洛马自称为菲律宾共和国的"海军上将"，招摇撞骗。克洛马被迫签下一份保证书，以1比索的价格将其公国出售给菲律宾，以换取自己的自由。截至20世纪七八十年代，菲律宾就是用这种掩耳盗铃的伎俩和"空手套白狼"的手法，侵占了中国南沙群岛的8个重要岛礁。

三、 目光转到海上还有经济利益的深层考量

经济利益是菲律宾谋取周边海洋权益尤其是南中国海权益的直接动力。1956年，托马斯·克洛马宣称所谓"发现"南沙群岛后不久，很快就对外宣布已与新西兰等国就磷矿销售达成协议。数十吨的磷矿已经集中待运的公开消息，标志着菲律宾独立后谋取南海经济利益的第一次行动。[①] 1969年，联合国暨远东经济委员会发布勘

---

① 萧曦清：《南沙风云：南沙群岛问题的研判与分析》，台湾学生书局，2010年版，第198—199页。

探报告，公布了南中国海地区蕴藏着丰富的石油、天然气资源的调查结果。南沙群岛东北的礼乐滩（Reed Tablemount）附近油气资源储量更是巨大，据估计可能蕴藏有390万立方英尺的天然气、3500万桶石油和210亿桶的可燃冰。[①] 而菲律宾传统能源储备匮乏，自给率仅为21%左右[②]，全国石油消费的95%依靠进口[③]。长期以来，能源短缺严重制约着菲律宾经济的发展。20世纪五六十年代，菲律宾每年石油进口开支高达10亿美元以上，是最大宗的进口商品。[④] 20世纪70年代初，第一次世界石油危机爆发，菲律宾的能源供应更是雪上加霜，因此，海岛和海底矿藏资源蕴含的巨大经济利益，遂成为菲律宾政府决心争夺南沙及附近海域权益的新动力。1976年6月14日，菲律宾政府正式公布与瑞典公司共同钻探南沙群岛礼乐滩的计划，[⑤] 以实际行动加入了南海油气开发的行列。其后，菲律宾又陆续与多家西方跨国石油公司签署并实施了联合开发南沙群岛附近海域油气资源的计划。[⑥]

另外，南海油气资源的发现正值新国际海洋法酝酿之时，而新国际海洋法的酝酿则为南海周边国家提出和强化海洋权利提供了借口。新通过的《联合国海洋法公约》关于专属经济区、大陆架等内容的规定，为沿海国家扩张海洋权益提供了新的动力。根据国际海洋法规则，获得一块主权所属的海上领土就意味着拥有该领土外缘向外延伸200海里的专属经济区，甚至更多的大陆架权益。由于20世纪中叶人类对海洋资源的开发技术与能力已逐渐成熟，国际海洋

[①] Clive Schofield, *Beyond the Limits: Outer Continental Shelf Opportunities and Challenges in East and Southeast Asia*, Vol. 31, No. 1, 2009, p. 62.
[②] 李涛、陈丙先：《菲律宾概论》，世界图书出版公司，2012年版，第206—207页。
[③] Jan James Storey, *Creeping Assertiveness: China, the Philippines and the South China Sea Dispute*, Contemporary Southeast Asia, Vol. 21, No. 1, 1999, p. 105.
[④] 马燕冰、黄莺：《菲律宾》，社会科学出版社，2007年版，第213页。
[⑤] 张明亮：《超越僵局：中国在南海的选择》，香港社会科学出版社，2011年版，第199页。
[⑥] 鞠海龙：《菲律宾南海政策：利益驱动的政策选择》，《当代亚太》，2012年第3期。

法的酝酿及通过随即引起各国扩张海洋权益的狂潮。① 1969 年，即联合国远东经济委员会亚洲近海矿床资源勘查报告公布的当年，菲律宾便开始自行划定了 200 海里专属经济区，直接出兵占领南沙部分岛礁。1978 年 6 月 11 日，菲律宾公布第 1596 号总统令，将南沙群岛的大部分宣布为"卡拉延群岛"，对群岛和附近 64976 平方海里的海域提出主权和管辖权主张。② 由于南海海底蕴藏巨量资源，南海争端就由单纯的主权争议演变成为事关当事国经济与未来发展的国家利益之争。

总起来说，长久以来来自海上的安全威胁、周边海区蕴藏着海量经济资源的巨大诱惑以及联合国海洋法的酝酿与赋权，就成为菲律宾海权意识苏醒和不断扩张海洋权益的强大动力。

---

① 鞠海龙：《中国海权战略参照体系》，中国社会科学出版社，2012 年版，第 205 页。
② 吴士存：《南沙争端的由来与发展》，海洋出版社，1999 年版，第 101 页。

第四章　菲律宾海洋战略成形的背景及动因分析

20世纪90年代以来，随着国际和地区局势的发展变化，菲律宾的军事防御重点由陆地转向海上，建军重点由以陆军为主转向以海、空军为主，指导思想由"安内"转向"御外"，重点是加强海上、特别是西部海区的防卫。菲律宾的海防政策与海洋战略开始逐步成形。

第一节　美国撤出基地与菲律宾独立承担防卫任务

第二次世界大战初期，美军在菲部队惨遭日军突袭，由于基地设备陈旧和麻痹大意，几乎全军覆没。由此，美国萌发了在菲大规模、多布点的基地建设计划。因战争流亡到美国的菲律宾自治政府总统奎松，同意美国国会1944年所做的联合决议案，它授权美国总统在认为美菲两国有相互保护之必要时，可获得及维持在菲律宾境内的基地。[①]

战后，美菲于1947年3月14日签订了《美菲军事基地协定》，

---

① 马燕冰、黄莺：《菲律宾》，中国社会科学出版社，2007年版，第281页。

揭开了美国在菲扩建军事基地的序幕。这项协定的全名为《美利坚合众国和菲律宾共和国关于军事基地的协定》，包括一个序言，二十九项条款，两个附件和六项重要换文。协定称，为促进两国共同安全，美国可维持在菲律宾境内的 23 处基地，根据需要可增加和开辟新的基地，菲律宾在"行使权力和主权中"给予美"免费"使用在菲基地的权利，有效期为 99 年，"以后经两国政府协议仍可延长"。协议允许美国军人在菲享受治外法权。美国基地司令官对营区内的一切犯罪均有司法管辖权。对于美国军人在营区外犯罪，如果双方都是美国军人，美军司令官享有全部司法管辖权，即使仅犯罪一方为美国军人，如无美军司令官的批准，菲法院无权送达民事或刑事传唤。对于美国招募的菲籍军人，与美国士兵享有同样的权利。《美菲军事基地协定》签字后，同年 3 月 21 日双方又签署了《美菲军事援助协定》，规定美国向菲武装部队"无偿"提供武器装备，但除消耗品外，武器装备的所有权属于美国，同时，美国还在菲设立军事顾问团。两个协定使美在菲基地的法律地位得到巩固，扩建工作也随之开展起来。①

自 20 世纪 50 年代以来，菲律宾人民反对美国在菲设立军事基地的斗争从未停止过。1953 年，美司法部长赫伯特·布劳尔内公开宣称，基地的主权归美国所有。布劳尔内的谈话激起了菲律宾各界人士的强烈不满。1956 年，菲律宾爆发了大规模的反美示威游行，美国被迫承认，"菲律宾政府的主权遍及基地的土地"。矛盾的焦点随后移到基地协定的期限和美军享受的治外法权方面。1959 年，菲外交部长塞拉诺与美驻菲大使原则上达成协议（Bohlen-Serraho Accord），同意将军事基地协定的有效期从原定的 99 年缩短为自 1947 年起算的 55 年，但需双方通过新协议来加以确定。1966 年，为了拉

---

① 宫少朋：《美国在菲律宾军事基地的历史、现状与前途》，《外交评论（外交学院学报）》，1990 年第 1 期。

拢盟国支持美国所进行的越南战争，美国与菲律宾正式签订协议，同意按1959年所制定的原则将美对基地的使用权缩短为自1966年起的25年。协议规定，如果双方在1990年9月以前未就延长或修改军事基地协定作出最后决定，美对基地的使用权将于1991年9月终止。[①] 有关基地管辖权和司法裁判权问题，菲美双方争论时间最长。1965年，多次发生由美国军人打死打伤菲律宾群众而引发的反美示威，美国政府同意将原美基地司令官所享有的司法管辖权限于"在值勤中犯案"的美国军人。1973年5月，菲律宾外长罗慕洛要求美军撤出菲律宾基地。从1976年4月起，美国被迫同菲律宾开始了长达4年多的军事基地问题的正式谈判。1979年1月2日，双方正式签署新的军事协定。在新协定中，菲律宾重申了对基地的主权；任命一名菲律宾人担任基地司令官，作为基地名义上的最高首长；菲律宾部队担任基地外围的治安任务；基地面积削减为10003公顷，将苏比克基地和克拉克基地中非直接用于军事目的的土地收回；美国继续使用在菲律宾的军事基地，美同意在1979—1983年这5年间向菲提供总数为5亿美元的军事援助和贷款。今后每5年由两国政府对基地协定进行一次复审；美军不能介入菲律宾的内部冲突，当菲律宾遇到外来侵略时，菲律宾政府将要求美国提供援助；菲律宾保证美国在菲律宾境内能进行无阻碍的军事作战行动。[②] 1982年12月，菲美双方又签署了菲律宾在美军基地内实施关税、移民和检疫法律的协定。

1987年2月，菲律宾经过公民投票通过了新宪法，对美菲军事基地协定做出特殊规定。依据第18章第25条之规定："菲律宾共和国和美国有关军事基地的协定于1991年期满后，不得在菲律宾设立外国军事基地、设备及部署外国军队，除非是根据经参议院批准的

---

① 宫少朋：《美国在菲律宾军事基地的历史、现状与前途》，《外交评论（外交学院学报）》，1990年第1期。

② 李涛、陈丙先：《菲律宾概论》，世界图书出版公司，2012年版，第142页。

条约；而当国会这样规定时，条约应在为此目的而举行的公民投票中获得大多数选民的支持，及被另一个签约国承认为条约。"另外，新宪法第7章第21条规定："除非得到参议院所有成员至少三分之二的同意，任何条约和国际协议都无效。"换言之，今后美菲军事基地协定之议定，将依三个程序进行：第一，菲律宾行政部门与美国谈判，如果行政部门否决在1991年后续约，就自动终止协定；第二，如果行政部门与美国重新议定新约，则必须交参议院批准；第三，参议院若认为有必要，可提交公民投票决定，过半数通过。[①]

　　美国军事基地是存是废，对菲律宾来讲也处于矛盾心态。有利方面是，美国基地存在为菲律宾提供了安全保障，并为菲律宾吃紧的军事经费提供了经济帮助。但也有相当一部分菲律宾民众认为，美军在菲律宾的存在是其"变相殖民"的象征，是菲律宾严重依赖美国而丧失独立能力的重要标志。[②] 恰在此时，冷战即将结束，美国驻菲军事基地勉强维持的脆弱平衡被打破了。众所周知，美菲同盟的重要目的之一是遏制苏联。1979年5月，苏联同越南签订协议，无偿租用金兰湾25年，用于控制东南亚地区和其沿海一带。1980年代，苏联进一步对金兰湾进行了扩建，使其成为苏联海外最大的军事基地。美国在菲律宾的海空军基地，在战略上有平衡越南金兰湾军事基地的重要作用。[③] 然而，随着冷战结束，苏联的威胁不复存在，东南亚危机也大为减弱，同时菲律宾国内要求独立自主的呼声越来越强，在这种背景下，菲律宾认为美军应该全部撤离菲律宾。对美方而言，苏联的解体使得美国成为世界上唯一的超级大国，需要调整新时期的全球战略。美国大幅度削减在东南亚的驻军，以便在冷战后以最低的成本扮演维护东南亚稳定的角色。1991年6月9日，距苏比克湾不远处的皮纳图博火山大喷发，这是20世纪全球最

---

① 马燕冰、黄莺：《菲律宾》，中国社会科学出版社，2007年版，第282页。
② 李涛、陈丙先：《菲律宾概论》，世界图书公司，2012年版，第275页。
③ 马燕冰、黄莺：《菲律宾》，中国社会科学出版社，2007年版，第283页。

大一次火山爆发，它给美军在菲律宾的克拉克空军基地和苏比克海军基地造成巨大破坏。出于冷战结束的大背景和菲律宾民意以及自然灾害的考虑，美军随即撤出了克拉克空军基地。对苏比克海军基地，美国意欲续订10年的租借期，但1991年9月16日遭到菲律宾参议院的否决，菲律宾政府要求美军于1992年底以前全部撤离。[①]1992年9月30日，美国把苏比克海军基地的使用权交还菲律宾。11月24日，最后一批1700多名美军从苏比克基地附近的库比岬海军航空站撤走，标志着外国在菲律宾境内驻军长达470年的历史走向终结。

总起来讲，菲律宾在美军的长期支援下，其军队建设、国防能力、防卫筹划等方面的问题与不足长期以来一直被掩盖。自美国撤出在菲律宾的军事存在以后，菲律宾国防费用严重短缺、海空军基础设施和武器装备落后以及防卫能力不足等问题立刻突显出来，菲律宾不得不独立承担起其军事现代化的任务，逐步形成自己的国防体系与防卫战略，包括形成自己的海洋战略与海防政策。

第二节 防卫重心转移与海洋战略逐步成形

一、拉莫斯时期（1992.7—1998.6）：防卫重点开始向海上转移

拉莫斯总统1992年7月执政后，根据冷战结束、美国从菲律宾撤军、东南亚地区经济迅速发展的新形势以及菲律宾国内南北冲突形势缓和的实际，开始调整菲律宾的防卫战略。菲律宾的军事防御

---

① 李涛、陈丙先：《菲律宾概论》，世界图书出版公司，2012年版，第275页。

重点由陆地转向海上，建军重点由以陆军为主转向以海、空军为主，指导思想由"安内"转向"御外"，重点是加强海上、特别是西部海区的防卫。[①] 可以说，拉莫斯总统恰巧站在了时代巨变和菲律宾社会转型的交叉点上。

拉莫斯的前任阿基诺夫人领导的政府，是一个"较为民主但天生不稳定的政府"。[②] 菲律宾这种国内矛盾重重的后发国家，需要一个既民主而又强有力的政府，以保持社会稳定，逐步消除体制弊端，聚焦和解决国家改革发展的重大问题。拉莫斯担任总统后，既显示出民主作风，又采取了一些强硬措施，从而使菲律宾出现多年未曾有过的政治稳定局面。拉莫斯抓住时机，一上台立即恢复与"摩洛民族解放阵线"（MNLF）的和谈，双方最终达成历史性的自治协议，决定成立"棉兰老穆斯林自治区"，由密苏阿里出任主席；扩充自治政府的权限，只要是非全国性事务，自治区政府皆可自行制定法律。拉莫斯当局与"摩洛民族解放阵线"达成的自治协议，是菲律宾政府与摩洛反抗运动关系的一个转折点，尽管协议的执行并不理想，其他反抗组织（包括"摩洛伊斯兰解放阵线"，MILF）也未接受该协议，但这毕竟是史无前例的，为后来者指引了方向。与马科斯时代双方武装斗争全面爆发相比，毕竟局面已缓和了许多。[③] 这就为拉莫斯总统聚焦国内改革发展重大问题以及积极迎接外部挑战创造了条件。

与此同时，经济全球化加速发展，既为菲律宾提供了机遇，也构成挑战。东欧剧变、苏联解体、中国改革，全世界正加速形成一个统一的市场，任何一个国家都很难摆脱对世界经济体系的依赖。

---

① 马燕冰、黄莺：《菲律宾》，中国社会科学出版社，2007年版，第270—271页。
② [新西兰] 尼古拉斯·塔林：《剑桥东南亚史》第2卷，云南人民出版社，2003年版，第500页。
③ 陈衍德、彭慧等：《全球化进程中的东南亚民族问题研究》，厦门大学出版社，2008年版，第230—231页。

菲律宾经济向出口导向型方向加速发展，对外部世界的依赖越来越大。拉莫斯总统刚上台，就发表国情咨文，阐述振兴菲律宾经济的新构想，出台了《1993—1998年中期发展规划》，提出到2000年将菲律宾建成一个新兴工业化国家。拉莫斯发展经济的主要措施包括：第一，大力加强基础设施建设，为经济的持续发展奠定基础。实施"旗舰计划"，在全国的增长中心地区，选定并实施96项战略基础设施项目，涉及道路、运输、水资源、电力等。[1] 第二，取消外汇管制，吸引外资，大力发展对外贸易。第三，加大对金融业的调整与改革力度，为经济平稳良性运行创造条件。第四，全力推行出口导向型工业化发展战略。计划投资70亿美元在10年内将苏比克基地建设成为亚洲最大的国际自由港和商业中心、以出口为导向的轻工业基地、发展造船和海洋工业的基地以及旅游观光区。在全国8个地区建立出口导向工业区，全面开发具有竞争力的出口产品，并向欧美和亚洲其他国家大力推销菲律宾的产品。[2] 至1998年4月，拉莫斯政府制定了79项有关经济改革的法规，对经济领域的调整和改革在深度和广度上都超过了此前的任何一届政府。

拉莫斯执政时期，菲律宾经济增长迅速。菲律宾经济深度融入世界体系，对外依存度越来越大。周边海区的安全尤其是经过南中国海的海上国际贸易大通道的安全畅通，对菲律宾来说也日显重要。菲律宾前国家安全顾问乔斯·阿尔蒙特就认为，南海是东南亚的海运中心，谁控制了这个海，谁就"基本控制了东南亚群岛和半岛，并对西太平洋和印度洋的将来起到决定性的作用，包括控制了往返中东油田的战略航道"。[3]

此时，菲律宾也越来越感受到来自海上的挑战。"美济礁事件"对菲律宾就有很大触动，对其防卫战略的转变有一定的促进作用。

---

[1] 李涛、陈丙先：《菲律宾概论》，世界图书出版公司，2012年版，第148页。
[2] 马燕冰、黄莺：《菲律宾》，中国社会科学出版社，2007年版，第120页。
[3] 徐菁菁：《黄岩岛事件背后：菲律宾的战略动机》，《三联生活周刊》，2012年5月17日。

1995年1月底，一艘菲律宾渔船船长向菲政府报告：他和他的船只在美济礁被中国军队拘留了一个星期，而且，中国正在美济礁修建建筑物。2月2日，菲律宾军方即派一艘巡逻舰和一架侦察机到美济礁证实这位渔船船长的报告，结果发现礁上有中国的建筑物。2月8日，时任菲律宾总统拉莫斯突然发表声明，声称中国军舰出现在美济礁附近，指控其"侵入"菲律宾声称拥有主权的南沙海域，并在菲所属的美济礁建造军事设施。菲国防部出示了一些中国军舰在美济礁附近的照片，其中包括一艘两栖登陆舰和一艘潜艇支援船。另外，菲还出示一些照片显示，中国在美济礁上4个方向建造了高脚屋建筑。这种高脚屋已经具备基本防守能力。

对于菲律宾政府的这些指控，中国外交部发言人解释说，中国在美济礁上的建筑，是"为了保护在南沙海域作业的渔民的生命安全，是一种生产设施"，"中国方面从无拘留，也无逮捕任何菲律宾船员，也没有在美济礁上建立任何军事基地"。

然而，菲律宾无视这些解释，随即做出军事反应，把所有的战斗机调到南沙群岛，在所谓的"卡拉延"增加驻军，并于3月底出动海军，把中国在五方礁、仙娥礁、信义礁、半月礁和仁爱礁等南沙岛礁上设立的测量标志炸毁。①

1995年5月13日，菲律宾政府组织38名本国及外国记者，分别用船只和直升机载运到美济礁进行所谓的"采访"，企图引起国际社会关注。然而，当载有这些记者的船只驶近美济礁，企图强行进入美济礁时，正在这里执法的"中国渔政34号"船接到上级命令，要将对方拦截在美济礁8海里之外，绝对不让敌舰进入美济礁。双方对峙良久，因为无法突破中国渔政船的拦截，菲指挥官只好下令掉头返航。

从1998年下半年到1999年初的几个月里，中国施工人员对美

---

① 盛力军：《中菲南沙之争的危险发展》，《明报》月刊，1995年5月号。

济礁的两座高脚屋进行重建与加固，使之成为中国在南海的一个永久性前哨。

"美济礁事件"对菲律宾有深刻触动，促使菲律宾将防务重心转到海上特别是南海方向，并结合自身实际形成新的防卫结构框架。1997年7月28日，拉莫斯总统在国情咨文中明确提出，菲律宾对外关系上的基本方针之一是"把我们的武装力量从对付叛乱改为对外防御，建立一支我们最充分的资源所允许的确实有效的空中和海上力量"。然而，那时菲律宾空军仅有一支由7架过时的F-5战斗机组成的截击机中队。菲律宾海军仅有11艘美国建造的小型护卫舰、32艘小型巡逻舰和几艘两栖登陆艇，平均舰龄达40年，尚无能力对付漫长海岸线的走私、海盗和军火贩运。菲律宾甚至没有任何雷达系统，以恢复美军基地关闭后失去的对外防御能力。更为严重的是，美军对菲律宾的援助停止后，菲律宾10万人的武装部队的预算马上缩减到80年代的水平。菲律宾参议院国防与安全委员会主席梅卡多对菲国军事力量评论道："我们有一支不能飞的空军和一支不能出海的海军。"[①] 由于菲律宾的军事现代化要有一个过程，因此，完全依靠自身的力量是完不成海上防卫任务的，还必须借助已撤出在菲基地的美国力量。

然而，美国并不会因为南海问题真正地为菲律宾出头。南海问题对菲律宾来讲，可能是重要利益，对美国来讲则是次要利益。比如说，南沙群岛外围，从北部的马尼拉到南部的巴拉望，菲律宾国土狭长，面朝南海缺乏战略防御纵深。如果菲律宾占据南沙岛屿，则可以有效扩大和改善其战略纵深较浅的不利防御地位。固然，菲律宾感觉南沙岛礁很重要，对南沙问题很敏感，但对美国来讲则没有什么感觉。当年中国与越南的西沙群岛之争，就已检测了美国的立场与态度。1974年，中国和南越在西沙群岛发生冲突，中国政府

[①] 徐菁菁：《黄岩岛事件背后：菲律宾的战略动机》，《三联生活周刊》，2012年5月17日。

被迫采取军事自卫，在击败南越海军的挑衅后收复了金银、珊瑚和甘泉等岛屿。尽管当时美国在南越和南海地区驻有很强的军事力量，南越当局也一再请求美军干预，但美国政府明确表示无意卷入争端，其舰队也一直没有靠近冲突地区。在美济礁问题凸显的1995年，菲律宾政府即希望援引《美菲共同防御条约》获得美国支持，但美国以"南沙群岛不在条约覆盖之内"为由回绝了菲方要求。

拉莫斯总统深知，冷战结束、亚太力量格局调整、美苏（俄）相继退出在东南亚的基地意味着什么。拉莫斯明白，完全依赖自身实力在南海对抗中国是不现实的。在1997年7月的国情咨文中，拉莫斯提出菲律宾对外政策的另一条基本方针是："支持美国作为稳定地区的力量，继续留驻亚太地区。"菲律宾教授德·卡斯特罗讲得相当直白："90年代上半期，南海逐渐让菲律宾改变了对美国同盟的态度。菲律宾意识到，美军的军事存在在保持东南亚力量平衡上起到了关键性的作用。""美菲联盟的苏醒"就是从美济礁开始的，"从那时起，联盟就成为制约中国崛起对地区战略构成挑战的屏障"。"像菲律宾这样的小国必须利用国际环境和事件做杠杆，挑动大国；也必须用一个大国去制衡另一个大国。""中国在南海的主权主张使得菲律宾转而求助华盛顿给予外交和军事上的支持。两国之间的军事联系由于南海问题进一步加强，甚至在两国关系的紧张时期也未曾松懈。"① 菲律宾事实上已把中国作为来自海上的主要威胁，并借助美国的力量来防范中国。

1998年6月，在拉莫斯主持下菲律宾首次发表《国防战略》白皮书。其中指出，菲律宾国防战略目标旨在维护国家安全利益，保证国家政治稳定和促进国家经济发展，确保菲律宾在东南亚地区和国际事务上发挥更加积极的作用。为达此目的，菲律宾奉行以下国防政策：

---

① 徐菁菁：《黄岩岛事件背后：菲律宾的战略动机》，《三联生活周刊》，2012年5月17日。

（1）大力加强海军和空军建设，着重提高菲律宾应对突发事件的快速反应能力、海上作战能力和陆海空三军协同作战的能力。

（2）密切加强与亚太地区各国尤其是东盟国家在防务领域的合作，支持把东南亚建成一个"和平、自由和中立区"，全面推进东南亚地区的无核化进程。

（3）继续保持美菲两国的军事同盟关系，拓宽在防务领域的合作范围。菲律宾将向美提供兵力部署、军事给养和武器装备维修等方面的支持，争取美国政府能够向菲律宾提供军事物资和技术援助并帮助训练菲律宾军队。

（4）积极参与联合国的维持和平行动，为全球及地区安全作出贡献。

（5）坚持对所占南沙岛礁拥有"主权"的立场。[①]

可以看出，"加强海军"、提高"海上作战能力"被放在了突出地位，军事防御重点转到海上，重点应对和解决海上安全威胁。

当然，拉莫斯总统的防卫战略转型和防御重点转移，要依托菲律宾的军事现代化和严厉打击国内的反叛势力。这就需要拉莫斯的继任者继续努力，不断创造条件。

二、进入新世纪：为防卫重心转移与海洋战略布局积极创造条件

防卫重心转移与海洋战略布局，首先要有效控制和解决菲律宾国内的叛乱问题。菲律宾国内的反叛主要包括三个方面：一是菲南穆斯林的分裂与反叛（包括"摩洛民族解放阵线"、"摩洛伊斯兰解放阵线"以及"阿布萨耶夫组织"等）；二是菲共及其新人民军；三是土著反叛组织。

---

① 杨全喜、钟智翔：《东盟国家军事概览》，军事谊文出版社，2003年版，第236页。

菲共成立于1968年12月26日，创始人是前菲律宾大学教授何塞·西松。1973年4月24日，菲共成立了外围组织——全国民主阵线，阵线下设新人民军。菲共及其新人民军一直在菲律宾贫穷落后的山区和农村开展武装斗争，经常同政府军和地方警察发生武装冲突。

1987年，新人民军有2.5万人，活跃在全国60多个省。到1994年，由于政府的围剿和劝降，新人民军一度下降到6000人左右。其后，由于政府贪污腐败、社会不公以及贫困落后，再加上政府军忙于围剿阿布萨耶夫等穆斯林反叛分子，新人民军乘机又壮大了自己。到2002年7月，新人民军拥有1.1万名成员。[①] 从20世纪80年代以来，菲律宾政府同菲共及新人民军尝试进行和谈，但和谈时断时续，至今没有取得大的进展。

另外，菲律宾还有一些土著少数民族的反叛组织，如"土著联邦军"。2002年上半年，"土著联邦军"在大马尼拉及附近地区安放十余枚炸弹，试图引爆，以期引起政府关注，进而逼迫政府同意按照天主教、穆斯林和土著居民来划分行政区，实行联邦制。[②]

当然，对菲律宾政府来讲，最为棘手的还是菲南穆斯林的反叛问题。实践已证明，菲律宾政府以往以大吃小、以北统南的同化穆斯林的路子走不通。菲律宾前总统马科斯曾为此碰得头破血流，不得不调整对摩洛人的政策。现实可能就是，若菲南穆斯林的权益得不到尊重与保护，菲律宾将永无宁日。

以前，马科斯在对南部的反抗连续施以重拳而未果的情况下，已经认识到单纯的军事行动不能解决问题（菲律宾政府军本身也伤亡惨重），而是要用"经济、社会和政治改革来回应这些反叛者"。[③]

[①] 朱幸福：《风云诡谲的菲岛政坛》，中国社会科学出版社，2002年版，第54、58页。
[②] 薛颖：《美丽与动荡：女记者眼中的菲律宾》，新华出版社，2004年版，第25页。
[③] T. J. S. George, *Revolt in Mindanao: The Rise of Islam in Philippine Politics*, Oxford University Press, 1980, p. 241.

马科斯政府因此推出了"棉兰老重建和发展计划",在南部进行了一系列改革,包括成立伊斯兰发展银行、承认苏禄海上贸易合法、大批引进建设项目、开展"穆斯林文化发展特别行动"计划、编纂伊斯兰法典以及颁布承认穆斯林宗室土地合法的总统令,等等。[①] 菲律宾南部局势随即有所缓和,穆斯林对政府的信心得到部分恢复。

1986 年上台的阿基诺夫人虽然对解决摩洛问题态度积极,但在与"摩洛民族解放阵线"协商未果的情况下单方面通过了《穆斯林棉兰老自治基本法》,并于 1989 年成立了"棉兰老穆斯林自治区"(仅包括菲南四省),结果遭到穆斯林上下各阶层的广泛抵制,自治计划最终落败。

继任总统拉莫斯在解决菲南穆斯林问题上取得开创性贡献,他与"摩洛民族解放阵线"(MNLF)达成了历史性的自治协议。拉莫斯试图用逐一突破的方式来迫使各个反抗组织分别接受和平协议,因此在与 MNLF 谈判时并未关注 MILF("摩洛伊斯兰解放阵线"),而是在 1996 年与 MNLF 的和平协议签订后再试图与 MILF 接触。但 MILF 自视为独立于 MNLF 之外的"更革命、更彻底"的组织,因此声称即便 MNLF 与政府和谈成功,也不会加入密苏阿里主导的"棉兰老穆斯林自治区"。[②] 阿布萨耶夫组织(The Abu Sayyaf Group)更是绝缘于政府和谈之外,到处制造恐怖事端,其目标是在菲律宾南部建立一个独立的伊斯兰教国家。因此,拉莫斯总统的菲南和平计划也遭遇挫折,只取得局部成功。后来由于拉莫斯政府对 MNLF 尚未完全搞定(政府的经济援助许诺迟迟不能到位),MILF 等组织与政府的争端冲突又起,MILF 则逐步发展成为菲南反抗运动的主力。结果,菲南穆斯林地区依然处于动荡之中,反政府行动一直不断。

[①] 陈衍德、彭慧等:《全球化进程中的东南亚民族问题研究》,厦门大学出版社,2008 年版,第 223—224 页。

[②] 陈衍德、彭慧等:《全球化进程中的东南亚民族问题研究》,厦门大学出版社,2008 年版,第 230 页。

1998年，埃斯特拉达就任总统后，MILF针对政府军和平民的袭击仍然继续，严重破坏菲律宾的投资环境，埃斯特拉达决定予以重拳打击。2000年3月21日，埃斯特拉达总统决定对该组织全面宣战。在接下来交战的3个月里，MILF的总部、13个主要营地和43个次级营地被政府军攻陷，并且都处于菲政府的控制之下，领导人哈希姆·萨马拉逃亡马来西亚。埃斯特拉达政府的果断出击，给MILF予以重创。但MILF恢复能力很强，在菲南有坚实的社会基础，埃斯特拉达的胜利仅是表面上的，MILF被打散的人马很快又聚合起来。

　　阿布萨耶夫恐怖组织则更为凶残，更难控制。"阿布萨耶夫"本意为"持剑者"。该组织创建人为简加拉尼（Janjalani），曾与本·拉登一起参加过反苏侵略的阿富汗战争。在阿富汗战争中，简加拉尼曾化名为"阿布萨耶夫"。1990年，他成立"穆加迪自由突击队战士"，标志着阿布萨耶夫组织创立。阿布萨耶夫与世界上许多伊斯兰极端组织有联系，目标是在菲律宾南部的棉兰老岛建立一个伊斯兰教国家。阿布萨耶夫恐怖组织的主要基地在巴西兰、苏禄和塔威塔威等菲律宾南部岛屿，在这些岛屿拥有上千名支持者，这些人世代以打渔为生，熟谙水性，擅长海上恐怖袭击。[①]

　　1991年到2000年，阿布萨耶夫发动了378次恐怖袭击，造成288名平民死亡。1998年，阿布萨耶夫恐怖组织头目简加拉尼，在巴西兰岛与警察交战中被击毙。简加拉尼死后，阿布萨耶夫恐怖组织分裂成多个团伙，主要的两个团伙分别在巴西兰、苏禄地区活动。巴西兰团伙下属有10支武装小分队，苏禄团伙下属约16支武装小分队，各自从事恐怖活动。[②] 2000年是阿布萨耶夫恐怖组织活动最为嚣张的年份。据估计，当时恐怖分子大约有1269人，实施了640

[①] Peter Lehr, *Violence at Sea: Piracy in the Age of Global Terrorism*, New York: Routlege, 2007, p.123.

[②] 许可：《当代东南亚海盗研究》，厦门大学出版社，2009年版，第111—112页。

次绑架，受害人高达 2076 人。2000 年 4 月 23 日，阿布萨耶夫的 6 名武装人员，在马来西亚绑架了来自五个国家的 21 名游客作为人质，引起国际社会广泛关注。当时，阿布萨耶夫分子乘坐 2 艘快艇，将人质劫持到菲律宾南部的霍洛岛（Jolo Island），并向菲律宾政府提出了一揽子要求：承认菲律宾南部为独立的伊斯兰国家，调查菲律宾政府对菲南部穆斯林的人权迫害问题，保护棉兰老岛的传统渔场等。另外，阿布萨耶夫恐怖分子还要求菲律宾政府交付 2600 万美元的赎金，否则就将人质斩首。2001 年 4 月底，在利比亚的斡旋下，阿布萨耶夫释放了人质，据说埃斯特拉达政府为此支付了 1500 万美元的赎金。[1]

在恐怖主义面前，菲律宾军队显得无能为力。恐怖主义的绑架阴谋屡屡得逞，使得菲律宾社会中其他被边缘化的群体纷纷起来效仿，以绑架为职业的犯罪团伙如雨后春笋般涌现。绑架由此成为菲律宾社会的家常便饭。政府、议会、公众变得麻木不仁，某些政府部门甚至与绑架组织相勾结，最后某些政客也将绑架作为打击政敌、索要政治捐款的手段。[2]

"9·11"事件发生后，阿罗约政府决心借助美国的力量严厉打击阿布萨耶夫组织，适时加强了与美国的反恐合作。

2001 年 9 月 24 日，美国总统布什宣布冻结 27 个恐怖组织在美国的资产，阿布萨耶夫也榜上有名。同一天，菲律宾阿罗约政府成立打击国际恐怖主义跨部门特遣队（Inter-Agency Task Force Against International Terrorism），由总统办公室直接管辖，协调政府各部门的反恐行动。[3] 2001 年 10 月，菲律宾总统阿罗约访问美国。美国总统布什表示，美国将向菲律宾提供 10 亿多美元的贸易优惠，并将通过增加联合军事培训和军事演习等方式加强两国的军事关系与反恐合

---

[1] 许可：《当代东南亚海盗研究》，厦门大学出版社，2009 年版，第 113 页。
[2] 长江：《美女总统阿罗约》，中国经济出版社，2010 年版，第 117 页。
[3] 许可：《当代东南亚海盗研究》，厦门大学出版社，2009 年版，第 116 页。

作。2002年1月15日，美国五角大楼一个代表团飞抵马尼拉与菲律宾武装部队就军事合作展开协商。双方就合作的一切问题和所有细节很快达成了一致。双方宣布，菲律宾与美国将在晚些时候举行名为"肩并肩"的联合军事演习，这次演习包括在阿布萨耶夫武装的大本营巴西兰岛进行"实战演习"，将有超过600名的美国士兵，其中包括160名受过反恐训练的特种部队士兵被派遣到菲律宾，就如何摧毁阿布萨耶夫恐怖组织对1200名菲律宾士兵进行训练并提出建议。演习时间长达一年之久，是前所未有的。虽然这次行动被称为演习，但实际上，美军已将清除菲律宾的伊斯兰极端派阿布萨耶夫武装纳入视野，将其视为反恐战争的重要一环。1月31日，"肩并肩"军事演习正式拉开了帷幕。650名全副武装的美国特种部队士兵分成数十组，加入菲律宾武装部队，向阿布萨耶夫武装展开了正式进攻。在演习开始的同时，在美国驻马尼拉大使馆外和美军驻扎的三宝颜市爆发了数千人参加的抗议示威。菲律宾人很难接受，把美国人从苏比克和克拉克赶走不久美军这么快就回来了。示威者声称，美军在菲律宾一天，游行示威便持续一天。对此，阿罗约顶住了压力。结果联合反恐取得巨大成果，截至2月8日，联军已歼灭了190名阿布萨耶夫叛乱分子，并逮捕了许多人，许多绑匪慑于强大的进攻压力而投降。[①] 原本1200多人的阿布萨耶夫武装，到2005年减少到380人。不过，由于阿布萨耶夫各派团伙都是单独行动，对其活动的范围非常熟悉，手段残忍，可以随时随地绑架、袭击，政府军要将其完全歼灭并不容易。另外，阿布萨耶夫组织有较强的繁殖能力，容易再度坐大，卷土重来。2016年4月9日，菲律宾政府军对绑架了多名外国人质的阿布萨耶夫组织展开突击，结果蒙受严重伤亡，招致安全专家和媒体批评。4月9日在巴西兰岛爆发的这场冲突涉及约100名阿布萨耶夫叛乱分子，有18名政府军士兵身

---

① 长江：《美女总统阿罗约》，中国经济出版社，2010年版，第131—132页。

亡，其中至少4名士兵惨遭斩首，另有53名士兵和20名阿布萨耶夫成员受伤。[1]另据报道，2016年4月15日晚，阿布萨耶夫组织在菲南海域，截船掳走4名印度尼西亚船员，这是该海域三周来的第三次类似案件。该组织武装分子3月26日曾攻击印尼"Brahman"号拖船并掳走10名印尼船员。4月1日傍晚，至少8名武装分子又在沙巴仙本那利吉丹岛（Pulau Ligitan）海域，登上马来西亚运煤拖船"MV MASSIVE6"，并掳绑4名马来西亚华族船员。[2]

总体来看，菲南的和平、和解进程前路漫漫，荆棘丛生。菲律宾政府已经认识到，纯靠军事手段是不能奏效的，最终还要通过和谈走向和平之路。

尽管菲律宾政府1996年就与"摩洛民族解放阵线"（MNLF）达成停火协议，但双方冲突并未停止。2001年，密苏阿里与阿罗约政府发生利益冲突，其支持者于11月在霍洛岛发动武装叛乱。政府迅速平叛，宣布密苏阿里犯有叛乱罪。MNLF另一派系的领导人胡安任该党主席。密苏阿里潜逃至马来西亚沙巴，被马政府逮捕并于2002年1月引渡回菲。此后，阿罗约政府加强了对菲南反叛组织的打击。2006年，伊斯兰会议组织代表团抵达菲律宾斡旋，期望协助穆斯林与菲律宾政府维持10年前签订的停火协议。领导自治区的摩洛民族解放阵线指出："我们如今需要的是政府认真履行和议，让菲南能实现长治久安。这个地区备受忽略，穆斯林被歧视，很多人生活贫困。我们需要重建一切，社会和具体的重建对持续的和平是重要的。"2007年2月，阿罗约总统下令执行与摩解的和平协议条款，希望通过和平、发展、多种信仰对话及国际合作实现与摩解的最终和解，解决菲南冲突。

---

[1]《围剿阿布沙耶夫组织伤亡惨重 菲军方为突击失败辩护》，联合早报网，2016年4月12日报道。

[2]《同一海域三周来第三次 菲南武装分子截船掳绑四印尼船员》，联合早报网，2016年4月17日报道。

阿基诺三世上台以后，对反叛力量实行区别对待策略，对"摩洛伊斯兰解放阵线"（MILF）以和谈为主，对"新人民军"采取打拉结合，而对阿布沙耶夫组织则采取坚决取缔的做法。2011年2月以来，菲律宾政府与摩洛伊斯兰解放阵线在马来西亚重启和谈，但一直谈谈停停。① 2012年4月25日，菲律宾政府和谈小组在马来西亚吉隆坡结束了与MILF之间的第27轮和平谈判。为平息南部多年的战祸与贫穷，菲律宾政府做出重大政治让步，同意让穆斯林分离组织在棉兰老岛成立相当于"亚国"的新政治实体。为此，菲律宾政府与"摩洛伊斯兰解放阵线"的谈判小组，签署了"和谈原则要点"文件。在十项和谈原则要点当中，最受关注的是双方同意共同努力成立新的政治实体，MILF要求掌握除国防、外交及邮政以外的所有政府功能。② 随后，经过艰苦谈判，菲律宾政府与MILF于2012年10月签署和平架构协定，2014年3月再签综合和平协定，同意在棉兰老岛成立"摩洛国"，换取MILF放下武器。"摩洛国"实为自治区（享有高度自治权），却名为"国"，某种程度上满足了穆斯林少数族群"建国"的渴望。

2014年9月10日，菲律宾总统府把"摩洛国基本法"（Bangsamoro Basic Law，也有音译为"邦萨摩洛基本法"）草案送交国会，这项法律将为菲国南部设立"摩洛国"政治实体铺路（计划于2016年成立"摩洛国"，以取代现有的棉兰老岛穆斯林自治区），冀以高度自治的"国中国"换取国家长久和平。菲律宾总统阿基诺三世在总统府见证了法律草案移交仪式，他说："我们吁请国会尽快通过该提案；如果我们能加以立法，就可以给摩洛国同胞足够的准备时间，孕育摩洛国自治的种子。"③ 此项创举有望终结近50年来在菲律宾南

---

① 陈庆鸿：《菲律宾军事现代化及其前景》，《国际资料信息》，2012年第8期。
② 《菲律宾同意分离组织在南部地区成立新政治实体》，中国新闻网，2012年4月26日报道。
③ 《摩洛国基本法草案送交国会》，《菲律宾商报》，2014年9月11日报道。

部棉兰老岛的冲突,动乱已造成12万多人死亡,200万人无家可归。

2014年9月27日,菲国政府和摩洛伊斯兰解放阵线谈判员在马来西亚开会讨论解械(解除武装)程序,第一批叛军的解械程序计划于2014年底前完成。双方都委任三名外国专家(来自文莱、土耳其和挪威)与四名本地专家一同加入一个独立组织,负责监督解械程序。菲国政府首席谈判员费勒在声明中说:"解械是任何和平解决办法中的既微妙又困难的部分。这是必须有效地及敏感地进行。"摩伊的首席谈判员伊克描在早前说过,叛军的枪,其中包括高火力步枪,将被封存在一个仓库里。伊克描说:"解械是真的非常困难的,但为了拥有一个摩洛国,你必须承担最大的牺牲。"[①] 总体来看,菲律宾总统阿基诺三世也是选择与反叛组织一对一谈,他把谈判的重心放在了MILF上。阿基诺三世政府与MILF达成协议的同时,其他反叛组织如MNLF会不会从中搞破坏,确实也是一个问题。菲律宾的和平进程仍面临不少变数。

总之,推动防卫重心转移与海洋战略布局是一系统工程,除有效解决国内叛乱外,还需要大力推动经济发展,加快菲律宾的军事现代化尤其是海空军的现代化进程。自2010年阿基诺三世就任菲律宾总统以来,菲律宾更加重视海权战略的布局与实施。2011年4月2日,阿基诺三世签署了《菲律宾2011—2016年国家安全政策》。其中,在阐述菲律宾国家安全的主要目标时,将国家安全主要分为两个大的方面:一是促进国内社会政治的稳定;二是确保菲律宾在其全部领土上完全行使主权,并保证其海上和其他方面的利益。针对后者,菲律宾政府的国家安全政策文件将其具体表述为促进菲律宾与邻国及全世界和谐关系的建立;寻求各地区之间的合作;增进盟国之间的安全合作,建立安全合作机制和发展强大国防,保卫国

---

① 《摩伊开始解械程序》,《菲律宾商报》,2014年9月29日报道。

家主权和海洋战略利益。①

2014年12月18日，菲律宾总统阿基诺三世在武装部队总部致词时就表示："菲律宾军队现代化计划正如火如荼进行，武装部队已进入'复兴时期'，政府将竭尽所能，继续提升军队执行任务及保家卫国的能力。"他说，军队"缺枪少炮的日子已经过去了"。阿基诺三世感谢武装部队在支援国内救灾行动、对抗叛军、清剿恐怖分子，以及捍卫海域及其他疆域方面作出的贡献。② 菲律宾武装部队发言人巴迪惹同日表示，"菲武装部队继续其现代化计划，当中最大部分是为海洋及领土防卫采购军备。"③

第三节 菲律宾海洋战略成形的动因分析

一、菲律宾从80年代中期开始转向外向型经济，对外依存度不断增高

独立后，菲律宾的中央控制型经济体系不断强化，到马科斯统治后半段（1972—1986年）达到高潮。1972年9月，马科斯实行戒严法，将国家大权集中到一人手里（他的总统职位可无限期连任）。他没收了反对派私家所有的电、水和其他关键性工业，并把它们国有化。马科斯以发展国力为名，将中央控制经济发展体系制度化：组建中央集权的政治管理结构，向"皇家"亲友提供特殊的经济补贴和激励机制（最后发展成为"盗贼式政权"），扩大公共企业领

---

① 李涛、陈丙先：《菲律宾概论》，世界图书出版公司，2012年版，第253页。
② 《总统：菲军进入复兴时期》，《菲律宾商报》，2014年12月19日报道。
③ 《军方自信不会与中国武装冲突》，《菲律宾商报》，2014年12月19日报道。

域，以及排斥、压制民间社会。①

与不断强化的中央控制相因应，菲律宾推行进口替代发展战略，目的是所谓的培育和发展民族企业。1958年菲律宾政府颁布了《国家经济会议第204号决议》，明确了"在国家经济建设中优先考虑本国企业和公民的'国人优先'的原则"。在进口替代发展战略下，菲律宾政府设置关税壁垒，实行外汇管制，保护民族工业和国内市场发展。但后来变成长期保护国内产业的政策。尽管中间（1962—1965年）菲律宾政府短期解除了对进口和外汇的管制。但由于菲律宾产业不具有国际竞争力，很快就导致进出口失衡。1965年马科斯上台后重新恢复外汇管制，直至其1986年下台。② 马科斯执政期间也试图对菲律宾的产业政策进行调整，如1973—1980年期间就实施了一系列面向出口工业的政策，包括设立出口加工区、积极引进外资等，但受制于当时的世界经济危机及发达国家实施贸易保护主义，菲律宾的出口产品严重滞销，其面向出口工业的发展严重受挫。③

应该说，大多数发展中国家在现代化初期都是采取进口替代政策，培植民族企业和培育国内市场。但进口替代阶段不能拖得过长，必须适时转型才能维持可持续发展。转型成功与否，是发展中国家现代化成功的关键因素之一。"无数证据证明：如果实行进口替代的时间过长，战后无限制提供的创造优异的经济成就的机会就会失之交臂。"④ 菲律宾前后实行了30多年的进口替代政策，对民族产业和国内市场的过度保护，由于各种原因，一再错过发展战略转型的良机，导致菲律宾制造业因生产效率、产品质量低下在国际市场上缺

---

① ［美］乔奎因·L.冈萨雷斯、路易斯·R.加里尼奥：《商业制胜之菲律宾》，中国水利水电出版社，2004年版，第33页。
② 黄云静等：《发展与稳定：反思东南亚国家现代化》，时事出版社，2011年版，第308页。
③ 姜文辉：《开放经济条件下东盟五国产业结构研究》，中国经济出版社，2013年版，第78页。
④ ［菲］贝利沙坎：《菲律宾经济发展战略中的农业》，《南洋问题译丛》，1990年第1期。

乏竞争力，结果经济发展由高速陷入长期低迷状态。①

1986年后，菲律宾进入民主政治阶段，菲律宾开始调整发展战略，取消进口替代政策，确立出口导向型的经济发展战略。

1986年2月，马科斯政府倒台，科拉松·阿基诺就任菲律宾第七任总统。她在政治上实行再民主化，经济上推行市场自由化，确立出口导向的发展政策。科拉松·阿基诺刚接管政府时，菲律宾面临着许多严峻的挑战，包括外债沉重，而且重要债务是无能且效率低下的公共企业部门带来的。菲律宾还有相当多的保护性贸易壁垒和投资体制，它们只保护马科斯亲信的利益，赶走了很多外国投资者。②科拉松·阿基诺决心对菲律宾的整个贸易和投资体系进行彻底改造。在她主导下，菲律宾通过了解除对银行业、电信业、航运业和航空工业管制的法律。在银行业，允许外国银行在菲律宾设立机构，还允许它们收购国内现有银行。通过"共和国7042号法令"（《外国投资法》），简化了外国投资者进入菲律宾的手续，并允许在投资企业中外方占更大的权益股。她推行进口自由化政策，取消了许多对生产有关的关键性货物的数量限制，另外，还降低了原材料、中间产品和重要设备的关税，取消了长达40年之久的对几乎所有国际货币交易的管制。在科拉松·阿基诺政府时期，菲律宾国会还通过一系列刺激经济增长的法案与措施。"共和国6810号法令"规定，以津贴的形式鼓励发展农村经营和地方中小型企业，刺激手段包括免缴国税和地方税。"共和国7042号法令"（建造—运营—移交法），批准私有部门可以参与急需基础设施的融资、建造、运营和维护。③

---

① 黄云静等：《发展与稳定：反思东南亚国家现代化》，时事出版社，2011年版，第308—309页。
② ［美］乔奎因·L. 冈萨雷斯、路易斯·R. 加里尼奥：《商业制胜之菲律宾》，中国水利水电出版社，2004年版，第34页。
③ ［美］乔奎因·L. 冈萨雷斯、路易斯·R. 加里尼奥：《商业制胜之菲律宾》，中国水利水电出版社，2004年版，第35页。

科拉松·阿基诺政府鼓励以出口为目标的劳动密集型企业,使菲律宾的工业特别是制造业得到一定的恢复和发展。菲律宾政府还积极参与并支持世界贸易组织推动全球贸易自由化,同时也致力推进东盟的一体化进程。

1992年,科拉松·阿基诺坚定支持拉莫斯接任菲律宾下届总统。在科拉松·阿基诺政府打下的基础上,拉莫斯继续强力推行以市场为基础的经济改革措施。他完成了政府所有及由政府控制的企业的私有化,鼓励公私所有制之间的伙伴关系,尤其是在基础设施和能源领域。1994年菲律宾颁布《出口促进法》,对出口导向型企业实行优惠政策。这些优惠政策包括:简化出口手续并免征出口附加税,进口商品再出口享受增殖税退税、外汇辅助和使用出口加工区的低成本设施,保留100%出口外汇所得等。所有的菲律宾出口商均可获得出口融资,出口商无须经过央行批准,直接可以向当地的商业银行申请信用证、购买合同所需的外汇贷款。同时,菲律宾还建立出口加工区、保税仓库和各种类型的工业园,在原材料、关税等方面给予鼓励。在国家政策引导下,菲律宾的半导体工业保持了最高的出口创汇记录,增长率高达7.8%。电器设备成品位居出口收入第二位,增长22.1%。

其后,菲律宾几届政府在振兴经济,推动本国出口工业发展上不断努力。2011年7月12日,菲律宾总统阿基诺三世批准了贸工部拟定的《2011—2013年菲律宾出口发展计划》,预计菲律宾2016年的出口总值将比2010年翻番,达到1200亿美元,出口增长的目标将使GDP增速提高58%,并且将创造900万个就业岗位。

经过几十年的发展,菲律宾的产业结构发生重大变化。1960年菲律宾的农业、工业和服务业占国民生产总值比重的分别为26%、28%与46%,到2010年农业、工业和服务业所占比重调整为12%、

33%和55%。① 2010年，菲律宾仍有35%的劳动力从事农业。菲律宾的粮食自给率为80%左右。目前，菲律宾是世界椰子的主要生产和出口国，椰子种植面积占农地面积的26%，约有2500万菲律宾人直接或间接依靠椰子产业，椰子出口约占菲律宾农产品出口总额的30%。经过最近三四十年发展，菲律宾的出口结构已是以工业制成品为主。就以1970年和2011年的出口数据作对比，1970年菲律宾出口产品中92.3%是资源密集型产品（初级农矿产品），到2011年资源密集型产品出口比重下降为16.8%；1970年资本密集型产品出口仅占出口比重的0.58%，到2011年该比重则猛升到45.3%。②

2013年，菲律宾出口总额为539.78亿美元，较上年同比增长3.6%。日本、中国和美国是2013年菲律宾的前三大出口市场，全年的服务出口为216亿美元，增长16%。2013年，菲律宾进口617亿美元。根据菲律宾统计局2014年9月10日公布的数据，2014年1—7月，菲律宾出口总额为351亿美元，同比增长8.5%。由于制成品和农产品出口增长势头旺盛，该国7月份出口额达到54.6亿美元，比上一年同期增长12.4%。电子产品仍是菲律宾最大出口项目，出口额达到20.9亿美元，约占7月出口总额的38.3%。占7月份出口第二位的是机械和运输设备，出口额为6.35亿美元，占该月出口总额的11.6%。其他制成品位居第三，出口额为3.65亿美元。东亚是菲律宾第一大出口市场，出口该地区产品总值为29.6亿美元，占7月份菲律宾出口的54.3%；东盟是菲第二大出口市场，出口额为7.55亿美元，占出口总额的13.8%；欧盟位居第三，出口额为5.37亿美元，占出口总额的9.8%。③

---

① 姜文辉：《开放经济条件下东盟五国产业结构研究》，中国经济出版社，2013年版，第83页。
② 姜文辉：《开放经济条件下东盟五国产业结构研究》，中国经济出版社，2013年版，第85、111页。
③ 《菲律宾7月份出口呈两位数增长》，《菲律宾商报》，2014年9月10日报道。

另外，劳务输出（包括劳工和女佣）已成为菲律宾对外经济活动的一个重要组成部分。殖民统治时期，东南亚是劳动力和服务的净进口地区，但是，到20世纪80年代，东南亚国家开始向中东地区输送建筑工人，向香港输出女佣，向北美输送医护人员，还向日本输出演艺人员。[①] 由于菲律宾外劳受教育程度高，有英语优势，在国际市场上很受欢迎。目前菲律宾已成为亚洲劳务输出规模最大的国家，在国际劳务市场上占有重要地位。菲律宾外劳遍布世界160多个国家和地区，最集中的地方有中东、中国台湾、中国香港、日本、新加坡等地。劳务输出在菲律宾经济发展中占有重要地位，已超出传统的椰子产品出口和服装、电子类产品的出口，成为菲律宾外汇的最大来源。向海外输出劳工已成为菲律宾剩余劳动力的重要出路，大大减轻了国内就业压力。菲律宾的劳务输出规模不断扩大，1974年菲律宾在世界各地的劳工仅3.5万人，到20世纪80年代后期已猛增到50余万人，每年汇回国内的外汇高达20亿美元。1992年，菲律宾政府授权287个招募机构、183家承包公司和207家海外派出机构，共677个机构从事劳务输出活动，已形成一个强大的劳务输出体系。1995年，菲律宾通过了《移民劳工和海外菲律宾人法案》，为更为有力地保护海外菲律宾劳工确定了行动方案，创设了法律援助基金和国民援助基金，在外交部任命一名移民劳工事务法律助理，级别等同于副部长。为保护海外的菲律宾劳工，2004年菲律宾总统阿罗约甚至作出了从伊拉克撤军的艰难决定。2004年7月，在伊拉克人质危机的压力下，阿罗约最终选择提前从伊拉克撤军，以营救遭伊拉克武装人员绑架的卡车司机克鲁斯，这是阿罗约做出的痛苦的抉择。美国及其西方盟友对此提出批评，称这使美国领导的反恐联盟遭受重创。但阿罗约表示，她并不后悔做出这个维护国

[①] ［新西兰］尼古拉斯·塔林：《剑桥东南亚史》第2卷，云南人民出版社，2003年版，第382页。

家利益的决定。阿罗约强调，撤军是为了信守对近800万名海外劳工的承诺。她说："这不是出于政治目的，而是关系到海外菲律宾人生死攸关的问题。在可预见的未来，菲律宾经济将继续紧紧依靠海外劳工的汇款。我必须珍视他们并且为他们更美好的未来而战。"①当然她也表示，"我们的外交政策从未发生变化"，菲律宾仍将坚定继续致力于全球反恐战争的立场。目前，菲律宾外交部专门设有一个局级机构，开展保护海外菲劳的工作，并且在菲劳集中的国家都派驻有专员。而菲律宾的众议院更设有海外菲劳事务委员会，来监督各政府部门对菲劳的保护情况。②

2000年代初，菲律宾在海外的流动劳工已达500万人，另外，在美国等国家获得永久居留权的劳工有200多万人。菲律宾外劳每年汇回外汇80亿美元左右，占菲律宾外汇总收入的一半以上。2004年，菲律宾海外劳工人数超过800万人。2005年，菲律宾外劳通过银行从海外汇回的款项高达103亿美元，较2004年猛增24%。③2013年，在海外的菲律宾人共向国内汇款251亿美元，同比增长7.6%，金额再创历史新高。2013年全年，海外菲律宾人汇回国内的资金总额已占到菲国内生产总值（GDP）的8.4%。④菲央行数据显示，2014年7月份，海外菲律宾劳工共向国内汇款23亿美元，同比增长7.1%。该年1—7月份，海外菲律宾劳工共向国内汇款150亿美元，同比增长6.4%。而这些现金汇款约八成来自美国、沙特阿拉伯、阿联酋、英国、新加坡、日本、加拿大和中国香港等地。⑤2015年，菲律宾海外劳工数量已经超过1000万，几乎占了全国人口的10%。⑥可以说，菲律宾是全球劳工输出大国，菲籍劳工遍布世界各

---

① 长江：《美女总统阿罗约》，中国经济出版社，2010年版，第224—225页。
② 《菲佣牵动菲律宾举国之心》，《文汇报》，2015年5月28日报道。
③ 马燕冰、黄莺：《菲律宾》，中国社会科学出版社，2007年版，第251—252页。
④ 黄耀东：《菲律宾：2013年发展回顾与2014年展望》，《东南亚纵横》，2014年第3期。
⑤ 《菲律宾海外劳工汇款增长强劲》，《菲律宾商报》，2014年9月15日报道。
⑥ 《菲佣牵动菲律宾举国之心》，《文汇报》，2015年5月28日报道。

地,他们每年汇回国内的外汇资金对国家经济发展居功至伟。

菲律宾经济对国际市场的依赖程度,可以用对外贸易依存度来衡量。2000—2010 年 11 年间,菲律宾的货物贸易依存度平均算来为 83.4%。菲律宾经济已经深度融入世界经济体系,不能不深刻影响其对外政策与海洋战略的调整及实施。

目前,东盟正在加速实现一体化,东盟共同体有望最终建成。菲律宾总统阿基诺三世指出,2015 年为菲律宾的"标志性一年"。他说:"现在,准备好抓住所有的机会。我们拥有优越的位置,成为重要贸易、投资及服务中心的巨大潜力。""一体化也将打开法国及欧洲其它地区的机会。西半球的市场在复甦,增强的合作能够促进一个更健康的环球经济,和促进增长与发展的承诺。"①

二、 海洋经济对群岛型国家菲律宾具有重大战略意义

随着陆地资源的大量消耗,海洋资源的占有与开发对包括菲律宾在内的沿海国家日益重要与紧迫。海洋产业与海洋经济已经成为国民经济的重要组成部分。作为海洋经济的主导部门,海洋渔业、海洋油气业、船舶制造与海洋运输业、滨海旅游业在菲律宾日益受到重视。

21 世纪是海洋世纪,这是世界各国尤其是涉海国家的共识。海洋是经济和社会发展的资源宝库,谁开发和掌握了海洋资源,谁就将在日趋激烈的国际竞争中掌握资源配置的主动权。首先,海洋是人类的食品资源宝库。资料显示,世界海洋渔业资源总可捕捞量约 2 亿—3 亿吨,目前实际捕捞量近 1 亿吨,提供了人们所消耗动物蛋白的 20%。其次,海洋是工业发展的金属矿产资源宝库。海洋蕴藏着丰富的金属矿产资源,凡是陆地上有的金属资源海洋都有,目前人

---

① 《总统宣布明年为菲'标志性一年'》,《菲律宾商报》,2014 年 9 月 20 日报道。

类已在海洋底部发现了极具战略价值的多金属结核。再次，海洋是经济发展的能源宝库。海底蕴藏着丰富的油气资源，估计海洋石油储量约 1350 亿吨、天然气储量约 140 万亿立方米。海洋中还有取之不尽、用之不竭的潮汐能、海浪能、海流能、温差能、盐差能等再生能源，可供开发利用的总量相当于目前全世界发电总量的几十倍，是名副其实的再生能源宝库。正因为如此，"向海洋要能源"已成为世界各国的共识，近年来许多国家纷纷大力开发海洋能等新型能源。①

菲律宾陆上石油资源有限，但海上油气资源较为丰富，重点区域包括巴拉望盆地、宿务盆地和民都洛盆地，尤其是巴拉望西北外海（地处南中国海的礼乐滩附近）油气资源最为丰富。菲律宾很早就关注南中国海油气资源的开发。南中国海可能是世界海洋中油气资源储量相当集中的地区，中国国土资源部地质普查数据显示，南中国海大陆架已知的主要含油盆地有十余个，面积约 85.24 万平方公里，几乎占到南海大陆架总面积的一半。南海石油储量至少 230 亿—300 亿吨，乐观估计达 550 亿吨，天然气 20 万亿立方米，堪称第二个"波斯湾"。② 菲律宾是东南亚国家中在南海"动手"最早的国家，其在 1946 年便盯上南沙群岛。1976 年，菲律宾开始对外进行南海油气勘探开发招标。有分析认为，菲律宾之所以显得如此迫不及待，是因为在南海周边国家中菲律宾面临的能源供应问题最为严重，其石油总需求量的 95% 依靠进口。③ 根据菲律宾能源部统计，2007 年菲石油产量仅占国内能源总供给的 1.6%，天然气占 7.7%，煤炭占 4.6%。④ 2004 年，菲律宾石油进口支出达 45.7 亿美元。

---

① 胡思远：《中国大海洋战略论》，北京时代华文书局，2014 年版，第 92—93 页。
② 梁振君：《南海油气资源开发将成新的经济增长极》，《海南日报》，2012 年 7 月 9 日。
③ Jan James Storey, Creeping Assertiveness: China, the Philippines and the South China Sea Dispute, Contemporary Southeast Asia, Vol. 21, No. 1, 1999, p. 105.
④ 李涛、陈丙先：《菲律宾概论》，世界图书出版公司，2012 年版，第 206—207 页。

2005年，则高达91.4亿美元。据菲律宾《每日问询者报》报道，2011年第一季菲律宾度进口石油3022万桶，进口额为31.6亿美元。其中61%是原油，39%是成油制品。与此同时，原油及制品的出口额为4.371亿美元，出口量424.5万桶。第一季度净进口额为27.25亿美元。[①] 2012年1—9月菲律宾石油进口增长8.8%，进口总值达到103亿美元。其中，原油进口量为4790万桶，价值55亿美元；成品油进口量为4170万桶，价值47.5亿美元。同时，石油出口750万桶，价值8.61亿美元。[②] 2012年前三个季度，菲律宾石油净进口额为93.89亿美元。目前，菲律宾在南海马拉帕拉天然气田的开采已形成较大规模，可满足菲律宾经济最发达的吕宋岛40%—50%的电力供应需求。[③]

菲律宾海洋渔业资源丰富，是全球第八大渔业生产国。菲律宾海岸线长约36290公里，领海面积约有220万平方公里，其中26.6万平方公里为近海水域、190万平方公里为大洋水域。菲律宾拥有2300种鱼类、上百种海草及上千种海洋无脊椎生物，是全世界海洋及沿岸生态系统最丰富的国家之一。菲律宾的珊瑚礁面积达2.7万平方公里，提供了全国近15%的海洋渔业资源，估计所有的珊瑚礁每年对国民经济贡献10.64亿美元。[④] 菲律宾的沿岸自治渔业、商业外海渔业及水产养殖是国民经济的重要增长点，占整个农业生产总值的约24%。棉兰老穆斯林自治区位于菲律宾南部，是菲律宾最大的渔业生产区。海草为其主要产品，占菲律宾总产量的17%。以生命多样性作为参考标准，菲律宾拥有世界第二大海草床。[⑤] 菲律宾全

---

① 菲律宾《每日问询者报》，2011年8月21日报道。
② 菲律宾《马尼拉旗帜报》，2013年1月7日报道。
③ 王勤：《东南亚地区发展报告（2013—2014）》，社会科学文献出版社，2014年版，第97页。
④ Department of Environment and Natural Resources, *Initial Valuation of Selected Uses and Habitats and Damage Assessment of Manila Bay*, Manila Bay Environmental Management Project.
⑤ The Coastal Resource Management Project, *Our Seas, Our Life: A Guide to Understanding Ocean Life and Its Importance to Us*, http://oneocean.org/download, Assessed on 15 March, 2009.

国 1541 个自治城市中，有 832 个（54%）城市位于沿海区域。渔业是沿海地区重要的收入来源，超过 150 万菲律宾人从事渔业工作。从海外渔业需求看，美国是菲律宾渔业出口最大国，占 25%；日本占 13%；德国占 10%，这三国是菲律宾渔业主要出口市场。① 除近海捕捞外，菲律宾渔船已深入南中国海，亦在印度尼西亚、巴布亚新几内亚海域捕钓，在中西太平洋也时有活动。

菲律宾海运业较为发达，在菲律宾注册的船舶数量居世界 35 位。在发展中国家中，菲律宾是世界上重要的集装箱运输国之一。② 2012 年，菲律宾的商业运输船载重吨位为 6994 千吨，排名世界第 29 位。③ 菲律宾政府正在检讨与完善现有的滚装船港口发展计划，以便接待更多的国际滚装船，并为提升服务水平制定相应规章制度。国家经济发展署助理署长马约卡称，"不光首都大马尼拉地区的港口，全国各地的现有港口都有望升级，获得向全世界航运业开放的机会。"④ 菲律宾造船业比较发达，是仅次于韩国、中国、日本之后的世界第四大造船国。外国造船企业尤其是韩国资本的投入，推动了菲律宾在国际造船市场的份额不断增长。目前，菲律宾的船厂正准备建造更多更大吨位的船舶，如散货船、集装箱船和大型载客渡船。2010 年，世界造船量订单下跌，菲律宾却逆势增长，造船订单量从 2009 年的 6690 千吨增至 7064 千吨。⑤ 韩国韩进重工在菲律宾苏比克湾自由港为土耳其船东建造的一艘价值 6800 万美元的商船，显示出菲律宾可以建造世界级远洋运输船。拥有 19750 名工人的韩进重工苏比克船厂的生产率正快步赶上其在韩国的船厂。⑥ 菲律宾也

---

① 《菲律宾渔业发展强调海洋养殖》，http://www.bbwfish.com/article.asp?artid=122125.
② 李双建：《主要沿海国家的海洋战略研究》，海洋出版社，2014 年版，第 227 页。
③ 王勤：《东南亚地区发展报告（2013—2014）》，社会科学文献出版社，2014 年版，第 68 页。
④ 李积轩：《菲律宾制定船舶业发展规划》，《中国水运报》，2011 年 9 月 22 日报道。
⑤ 王勤：《东南亚地区发展报告（2013—2014）》，社会科学文献出版社，2014 年版，第 71 页。
⑥ 李积轩：《菲律宾制定船舶业发展规划》，《中国水运报》，2011 年 9 月 22 日报道。

是全球海员输出大国,约有 50 多万菲律宾籍海员散布世界各地,人数居世界第一。著名海权战略学家马汉就指出:"从事与海洋有关职业的庞大人群,一如既往的是海上权力的重要因素。"[①] 菲律宾拥有大量天然良港,造船和海贸均较为发达,因此,菲律宾拥有发展海权和推进海洋战略的巨大潜力和强大动力。

作为群岛国,菲律宾的濒海旅游资源也极为丰富,主要有椰林、海滩、火山瀑布、湖光山色和海水云天。长期以来,旅游业在菲律宾的国民经济中占主要地位,其产值占国内生产总值的比重超过 45% 且逐年在增长,其中绝大部分为濒海旅游业。[②] 菲律宾全国 25 个最大的旅游景点中有 18 个分布在沿海地区,[③] 长滩岛沙滩被誉为世界七大美丽沙滩之一。菲律宾濒海旅游业发展非常迅速,以长滩岛为例,2013 年有 20 多万中国游客踏足该岛,游客人数仅低于韩国。2014 年 1 月至 7 月,长滩岛共接待 13 万中国游客,居赴菲各国游客人数第二位。在世界经济论坛 2013 旅游业竞争力报告中,菲律宾旅游业竞争力排名从 2011 年时的第 94 位跃升至第 82 位,菲律宾旅游业竞争力全球排名飙升 12 位。菲律宾在亚洲地区旅游业竞争力排名第 16 位,是亚洲地区排名提升最快的国家。菲律宾旅游业的竞争优势包括,在自然资源(全球排名第 44 位)、价格(全球排名第 24 位)方面竞争力强大,在政府优先发展旅游业政策方面排名第 15 位,在市场营销与品牌推广方面也卓有成效。2012 年,菲律宾吸引外国游客数量首次突破 400 万人次,达到 427 万人次,较 2011 年增长 9%。[④] 2013 年访菲外国观光客将近 470 万人次,同比增长 9.56%。韩国游客人数居访菲各国游客之首,为 117 万人次,其次

---

① 白海军:《海洋霸权:美国的全球海洋战略》,江苏人民出版社,2014 年版,第 54 页。
② 李双建:《主要沿海国家的海洋战略研究》,海洋出版社,2014 年版,第 227 页。
③ 王勤:《东南亚地区发展报告(2013—2014)》,社会科学文献出版社,2014 年版,第 63 页。
④ 张明:《菲律宾旅游业竞争力排名大幅跃升 亚洲上升最快》,中国新闻网,2013 年 3 月 7 日。

为美国67.5万，日本43.4万以及中国42.6万。外籍游客共为菲带来44亿美元的旅游业收入，同比增长15.1%。①

可以说，包括海运业、海洋渔业、海洋油气资源开采以及濒海旅游等在内的海洋经济，成为菲律宾国民经济的重要支撑。

三、占有和固守南沙部分重要岛礁可有效扩大菲律宾（尤其是首都马尼拉一带）的防御纵深

菲律宾是群岛型国家，四面环海。菲律宾东部是一望无际的太平洋，没有国家从东部对菲律宾构成战略上的威胁。菲律宾南部是棉兰老穆斯林地区，隔苏禄海（Sulu Sea）、西里伯斯海（Celebes Sea）与世界上两个最大的穆斯林国家马来西亚和印度尼西亚相望，局势仍不平静。菲律宾群岛北部隔着370公里宽的巴士海峡与中国台湾为邻。菲律宾西部包括首都马尼拉地区则直面南中国海，向南中国海敞开，围绕南沙岛礁的领土主权与海洋划界争端十分复杂。

在历史上，马尼拉多次被殖民者从海上侵入并占领，除了西班牙与美国长期统治菲律宾外，英国人在1762年到1764年间共占领马尼拉20个月。中国的郑成功以及荷兰人也多次从海上对马尼拉形成威胁。

二战期间，日本对菲律宾的威胁也是来自海上（先占中国南沙，再据以侵占菲律宾）。1939年2月28日日军占领海南岛后，3月1日随即又占领西沙群岛。1940年，日本在控制法属印度支那的同时占据了南沙部分岛礁，作为其"大东亚战略"的军事基地。② 南沙部分岛礁就成为日军进一步"南进"的基地。可以说，二战时期，日军凭借海上优势预先占领了南沙群岛，并以之为据点侵略了包括

---

① 《菲律宾2013年吸引外国游客468万人次》，http://news.163.com/14/0219/11/9LENCJ5R00014JB5.html.

② 邱普艳：《中越南海争端的由来与现状》，《东南亚南亚研究》2014年第1期。

菲律宾在内的一些东南亚国家。从1942年到1945年，日本人对马尼拉及菲律宾其他地方的占领近三年。从此，菲律宾对南沙岛礁的战略安全价值有了深刻的认识。1946年7月23日，刚刚独立的菲律宾政府即表示，出于国家安全的考虑，菲律宾拟将位于巴拉望岛以西200海里处的南沙群岛"纳入国防范围"。[①] 当时的菲律宾财政部长季里诺向总统建议吞并南沙，但因美国反对而搁浅。1948年季里诺出任总统，又多次鼓吹吞并南沙部分岛礁。1950年，季里诺宣称，如果南沙群岛落入敌国手中，将威胁菲律宾的国家安全。他强调，菲律宾是距南沙群岛最近的国家，理应将其纳入版图。[②] 菲律宾侵占中国南沙岛礁的行动由此拉开了序幕。截至20世纪70年代到80年代，菲律宾先后侵占了中国南沙群岛8个重要岛礁。

菲律宾人从历史中得到教训，对菲律宾的主要威胁来自海上。他们日益重视海洋经营与海洋战略，开始有意识地扩大菲律宾尤其是首都马尼拉的战略防御纵深。

[①] 张明亮：《超越僵局：中国在南海的选择》，香港社会科学出版社，2011年版，第190页。
[②] 鞠海龙：《菲律宾南海政策：利益驱动的政策选择》，《当代亚太》，2012年第3期。

第五章 菲律宾的海洋战略目标、海洋法律主张及相关实践

菲律宾是群岛型海洋国家。海洋国家有大有小、有强有弱，它们的海洋战略就有很大不同。从维护海洋权益到争取海洋权力，再到谋求制海权（从区域制海权到全球制海权），国家的海洋战略目标就可区分出不同等次。像美国是全球海洋霸权国，印度是区域海洋强国（称雄印度洋），菲律宾则是海洋小国弱国。作为海洋小国，菲律宾的海洋战略的核心是维护与拓展海洋权益（追求海洋权力还谈不上），并根据自身实力状况及借助多边机制，对最具战略意义的南中国海的海权格局积极施加影响。[①]

第一节 菲律宾海洋战略的基本目标

菲律宾的海洋战略和海洋政策，体现在菲律宾出台的一系列海洋立法和政策文件中，包括1961年6月"确定领海基线"的第3046

---

① 关于中国、菲律宾两国的南海主张及争端的一般背景，参见吴士存：《南沙争端的起源与发展》（中国经济出版社，2013年版），第131—156页；Rodolfo C Severino, *Where in the World Is the Philippines? Debating Its National Territory*, ISEAS, 2010, pp. 66–99。

号法令、①1968 年 3 月"宣布对菲律宾大陆架上的所有矿物和其他自然资源主张管辖权和控制权"的第 370 号总统法案、②1968 年 9 月"菲律宾领海基线界定法案"（共和国第 5446 号法案）、③1978 年 6 月正式宣布"卡拉延群岛"（南沙群岛大部分岛礁）为菲律宾所有的第 1596 号总统令及"设立专属经济区及其他事项"的第 1599 号总统令、④2009 年 3 月菲律宾总统阿罗约签署的国会已通过的"领海基线法"（共和国第 9522 号法案），⑤以及菲律宾近年出台的《菲律宾国家海洋政策》《菲律宾 21 世纪议程》⑥《2011—2016 菲律宾发展计划》⑦等政策文件。

从这些海洋立法和政策文件，尤其是《菲律宾国家海洋政策》《菲律宾 21 世纪议程》《2011—2016 菲律宾发展计划》，可以看出菲律宾海洋战略的基本轮廓，包括菲律宾海洋开发利用的基本原则、战略发展方向、未来发展目标、优先发展领域，等等。菲律宾的海洋战略和海洋政策制定，要体现四个基本原则，突出四个优先关注重点。四个基本原则是："考虑菲律宾的群岛特性，沿海和海洋区域是社会经济发展的重要基础，实施《联合国海洋法公约》必须符合菲律宾国家利益，协调相关部门积极参与规划和决策"。四个优先关

---

① Republic Act No 3046, An Act to Define the Baselines of the Territorial Sea of the Philippines, 17 June 1961, http://www.un.org/depts/los/LEGISLATIONANDTREATIES/PDFFILES/PHL_1961_Act.pdf.
② Proclamation No. 370, http://www.un.org/depts/los/LEGISLATIONANDTREATIES/PDFFILES/PHL_1968_Proclamation.pdf.
③ Republic Act No. 5446, http://www.chanrobles.com/republicacts/republicactno5446.html#.VYouCBd3abG.
④ Presidential Decree No. 1596, http://nghiencuubiendong.vn/en/datbase-on-south-china-sea-study/doc_download/60-presidential-decree-no-1596-declaring-certain-area-part-of-the-philippine-territory; Presidential Decree No. 1599, 11 June 1978 establishing an Exclusive Economic Zone and for other purposes, http://www.un.org/depts/los/LEGISLATIONANDTREATIES/PDFFILES/PHL_1978_Decree.pdf.
⑤ Republic Act No. 9522, http://senate.gov.ph/republic_acts/ra%209522.pdf.
⑥ The Philippine Agenda 21, http://emb.gov.ph/eeid/philagenda.htm.
⑦ Philippine Development Plan 2011—2016, http://www.neda.gov.ph/wp-content/uploads/2013/10/pdprm2011—2016.pdf.

注重点是:"确定国家领土范围、保护海洋生态、发展海洋经济与技术以及维护海上安全"。四个原则和优先关注重点的提出体现了菲律宾群岛国家特征,反映了菲律宾重视海洋发展,重视相关部门的协调,重视环境保护和经济可持续发展以及海洋安全,强调海事和海洋部门在国家发展中的作用等。①

细致研读菲律宾的海洋立法和海洋政策文件,可以看出其海洋战略目标包括如下几个方面:

一、借《联合国海洋法公约》酝酿、制定和出台之机,通过实际行动及国内立法等途径不断圈占和扩大菲律宾的"海上地盘"

1957年,第11届联合国大会宣布开始讨论制定海洋法公约。其后,先后共召开了三次联合国海洋法会议。经过马拉松式会谈、协商、讨论,直至1982年12月,最终形成《联合国海洋法公约》。又过去12年,到1994年11月16日,《联合国海洋法公约》正式生效。在漫长的国际海洋立法过程中,世界上许多国家相继自行宣布了专属经济区和渔区,同时对海洋岛礁展开了大规模争夺和抢占。菲律宾也抓住了这一时机,加入了这一进程。

早在1956年3月1日,"菲律宾海事学会会长"托马斯·克洛马就率领40人组成的"探险队",前往南沙群岛活动,他们登上了北子岛、南子岛、中业岛、南钥岛、西月岛、鸿庥岛、南威岛等9个主要岛屿,在这些岛上竖起了"占领"牌。1956年3月17日,克洛马将其"占领"的岛屿命名为"卡拉延群岛"。1956年5月11日,克洛马宣布自任"卡拉延"总统,"建都"中业岛。1956年5月29日,中华人民共和国外交部发表关于南沙群岛主权问题的声

---

① 雷小华、黄志勇:《菲律宾海洋管理制度研究及评析》,《东南亚研究》,2014年第1期。

明。声明说,南沙群岛"向来是中国领土的一部分。中华人民共和国对这些岛屿具有无可争辩的合法主权……绝不容许任何国家以任何借口采取任何方式加以侵犯。"中国台湾当局也对菲律宾提出抗议,并采取了实际行动。1956年6月,台湾当局组织军舰巡弋南沙群岛,赶走了非法登岛的菲律宾人,并从1956年下半年起,恢复了对太平岛的驻军。可以说,直到20世纪60年代末期,在太平岛上的台湾军队是南沙地区唯一的驻军。然而,没过多久,随着南海油气资源的大量发现,菲律宾又将视线转向南沙并采取了实质侵占行动。1971年7月10日,菲律宾政府妄称台湾当局的军舰在南沙海域向一艘无武装的菲律宾海军船只"开火"。菲律宾总统马科斯召集国家安全会议并发表声明,第一次正式提出对南沙群岛的主权要求。1970年8月23日,菲律宾出动海军,进犯马欢岛,并驻军把守。1971年4月14日,菲军侵占南钥岛;4月18日,入占中业岛(南沙第二大岛);7月30日,又侵占了西月岛和北子岛。到1974年年初,菲律宾政府宣称已控制了南沙6个岛礁,包括马欢岛、费信岛、南钥岛、中业岛、西月岛和北子岛。其后,菲律宾于1978年侵占了南沙的双黄沙洲,于1980年又占领了司令礁。截至20世纪80年代,菲律宾侵占了中国南沙群岛8个重要岛礁。[①]

在事实占领南沙群岛部分岛礁的同时,菲律宾还不断制造所占岛礁归菲律宾所有的"法律根据",公然违反国际条约和相关文件关于菲律宾领土范围的界定。菲律宾的领土范围,由其原来的宗主国签订的三个国际条约确定下来,这三个国际条约分别是:1898年12月10日美国与西班牙达成的《巴黎条约》、1900年11月7日美国与西班牙在华盛顿达成的条约以及1930年1月2日美国与英国达成的条约。根据这三个条约,黄岩岛与南沙群岛并不在菲律宾的领土范围之内。但菲律宾1961年通过的"确定领海基线"的第3046号法

[①] 吴士存:《南沙争端的起源与发展》,中国经济出版社,2013年版,第140—142页。

令以及 1973 年制定的"共和国宪法",均对上述三个国际条约所确定的领土范围予以确认。

为扩张海洋权益和扩大海域管辖范围,菲律宾还是推动联合国建立"群岛国制度"(下节详述)的主要倡导者之一。在联合国第一次与第二次海洋法会议期间,菲律宾均提出相关议案。由于"群岛国"原则只是对几个地理上得天独厚的国家有利,而"领海"和"专属经济区"两个概念却极大地扩大了大多数沿海国的管辖权,因此,当"群岛国制度"正在酝酿之时,包括泰国和新加坡在内的多数东南亚国家对菲律宾和印度尼西亚两个群岛国的主张持反对意见。马来西亚支持了这一主张,但认为受到群岛国原则损害的邻国的现有合法权利必须得到国际法的保护。[1] 经过几番博弈与讨价还价,联合国海洋法第三次会议最终确立了"群岛国制度"(见《联合国海洋法公约》第四部分)。菲律宾与印度尼西亚是世界上"群岛国制度"的最大受益者。

在《联合国海洋法公约》出台之前,菲律宾于 1961 年 6 月 17 日就通过了"确定领海基线"的第 3046 号法令,规定"确定菲律宾领海的基线由连接群岛中最外部岛屿上适当的点的直线组成",菲律宾的领海"基线应当被明确地阐明、定义和描述"。通过直线基线,菲律宾就将其"群岛水域"做到最大,并单方认定是其"内水"。菲律宾再从领海基线起,向外主张领海、专属经济区和大陆架,就可将周围大片海区(包括南中国海的相当大的部分)圈为其"蓝色国土"。

1978 年 6 月 11 日,菲律宾总统马科斯公布第 1596 号总统令,将"卡拉延群岛"(南沙群岛大部分岛礁)正式列入菲律宾的领土范围。同日公布的 1599 号总统令,宣布菲律宾设立 200 海里专属经济区。2009 年 3 月 10 日,菲律宾总统阿罗约签署新的"领海基线

---

[1] 薛桂芳:《〈联合国海洋法公约〉与国家实践》,海洋出版社,2011 年版,第 155 页。

法"(共和国第9522号法案),将中国的南沙部分岛礁和黄岩岛划入菲律宾领土。2012年9月12日菲律宾总统阿基诺三世下令,将同中国存有主权争议的部分南中国海海域命名为"西菲律宾海"。阿基诺三世声称,菲律宾政府将向联合国注册这个新地名,"菲律宾行使管辖权,有权以适当的名称,标示本身的海域,在绘制国家地图时使用"。①

2014年11月22日,在第五届香山论坛第四次全体会议上,菲律宾武装部队主管计划的副总参谋长罗萨里奥少将声称:"我们有权利去命名我们的后院,我们也通过了法律,正式命名那一片海域叫'西菲律宾海'。我们也在强化这样的概念,那就是这一片区域是菲律宾的'领土'。"②罗萨里奥把南海称为菲律宾的"后院",充分暴露了菲律宾侵占南中国海的企图与野心。

对与马来西亚有争议的沙巴州(目前在马来西亚的实际控制之下)及其周边海区,菲律宾也未放弃主权要求。1968年9月18日,菲律宾总统签署的"菲律宾领海基线界定法案"(共和国第5446号法案)第二条,对"沙巴州"有专项规定:"本法案关于菲律宾领海基线的定义,对位于北婆罗州(Borneo)北部的,菲律宾共和国已获得统治权和主权的沙巴州(Sabah)的领土周围的领海基线不构成影响。"

除菲律宾外,马来西亚、印度尼西亚和越南等国均根据《联合国海洋法公约》,对外宣布了200海里专属经济区。1966年7月28日,马来西亚颁布《大陆架法》(1966年第57号法令,1972年第83号法令修订),宣布其大陆架外缘为200米等深线或《大陆架公约》的开发标准所允许开发的深度。1972年,马来西亚公布确定其大陆架边界的马来西亚地图时,引起邻国的异议。原因就是马来西

---

① 《菲把部分南中国海命名西菲律宾海》,联合早报网,2012年9月13日报道。
② 《菲少将在香山论坛称南海为"后院",罗援当场质问》,人民网,2014年11月23日报道。

亚的大陆架要求与这些邻国各自的大陆架要求相重叠，其中许多要求悬而未决。在与相邻或相向国家的海洋划界问题上，马来西亚强调在将争端交付国际仲裁之前，需要进行外交谈判。马来西亚与有关国家的海域划界实践表明，其主张中间线等距离。比如，马来西亚与文莱在海上的分界线就是按照等距离原则划定的。[①] 1969年8月2日，马来西亚最高元首颁布《紧急（基本权力）法令》（1969年第7号法令），其中第三条规定："马来西亚的领海宽度为12海里，……但马六甲海峡、苏禄海和西里伯斯海海除外。"在这三个地方，与马来西亚分别隔海相对着新加坡、菲律宾和印度尼西亚三个国家，其间的距离均小于24海里。此种情况下，领海的划分一般是通过国家间的双边协议解决。当然，马来西亚与菲律宾之间，根本问题与其说是苏禄海上的领海划界纠纷，不如说是沙巴的主权归属。1984年，马来西亚颁布了《专属经济区法》，该法第三条规定："专属经济区自测算领海宽度的基线量起延伸200海里。"菲律宾的海上邻国印度尼西亚，于1980年3月21日也发布了《关于印度尼西亚专属经济区宣言》，宣布设立200海里专属经济区。1983年10月18日，印度尼西亚通过《印度尼西亚专属经济区法》（1983年第5号法令），该法第三条就相邻或相向国家与印度尼西亚专属经济区重叠时如何划界做了规定，即主张除双边协议外，以中间线或等距离线划界。1977年5月12日，与菲律宾隔南海相望的越南发表《关于领海、毗连区、专属经济区和大陆架的声明》，宣布越南的专属经济区"从测算领海宽度的基线量起延伸至200海里"，面积约为21万平方海里，其中很大部分属于南海争议区域。该声明第五条指出："构成越南领土部分的岛屿和群岛，在第一条中所涉的领海以外，拥有其自己的领海、毗连区、专属经济区和大陆架。"此条意在为法理侵占中国西沙和南沙群岛打下伏笔。果不其然，1982年11月12日，越

---

① 薛桂芳：《〈联合国海洋法公约〉与国家实践》，海洋出版社，2011年版，第157页。

南发表《越南社会主义共和国关于领海基线的声明》，在第四条对黄沙（中国西沙）和长沙（中国南沙）做了专项规定："用以测算黄沙（中国西沙）群岛和长沙（中国南沙）群岛领海宽度的基线，应按越南社会主义共和国1977年5月12号声明中第五条规定的方法划定。"把越南1977年和1982年两声明结合起来看，越南企图在黄沙（中国西沙）群岛和长沙（中国南沙）群岛实行"岛屿制度"，并欲相应领有各自的领海、专属经济区和大陆架。

总起来讲，菲律宾与马来西亚在苏禄海，菲律宾与印度尼西亚在西里伯斯海，有一定程度的领海与专属经济区重叠。当然，南中国海的领土争端和海洋划界纠纷更为棘手。马来西亚、印度尼西亚通过出台200海里专属经济区，将触角伸入南中国海争议海域。菲律宾与越南更是通过200海里专属经济区，各自将南沙海区划去大半。毫无疑问，南沙群岛自古属于中国，中国对南中国海有"九段线"之主张。由于南中国海的海洋权益争端涉及六国七方，争夺可谓最激烈。

南沙海区战略地位重要、资源极为丰富，菲律宾把其作为海洋战略扩张的重心。当然，菲律宾对南沙群岛提出主权要求，也搞出一系列根据与理由，[①] 包括：

1. 《旧金山和约》的遗留问题

为解决战败国日本的地位问题，1951年9月8日，由48个战胜国与战败国日本在美国旧金山签订了对日和约（Treaty of Peace with Japan，通称《旧金山和约》）。《旧金山和约》虽然规定了战败的日本必须放弃对南沙群岛的权利，但没有明确放弃给谁。这些岛屿实际上在一定时期内处于盟军的托管状态。菲律宾政府认为，菲律宾作为盟军成员国，有权在这些岛屿上从事经济活动与开发的权利。

---

① 参见吴士存：《南沙争端的起源与发展》，中国经济出版社，2013年，第82—86页。

2. 无主地原则

菲律宾政府认为,由于没有其他国家对南沙群岛提出过主权要求,南沙群岛在法律上不属于任何国家,因而是国际法上的"无主地"。根据传统国际法,菲律宾可以根据先占制度进而获得对这些岛屿的主权。

3. 自然延伸原则

菲律宾政府认为,南沙群岛中的"卡拉延群岛"是属于菲律宾巴拉望省在海底自然延伸的大陆架的一部分,根据国际海洋法中的自然延伸原则,菲律宾应该对南沙拥有主权。①

4. 地理邻近原则

菲律宾政府认为在地理位置上,南沙群岛的一些岛礁距离菲律宾最近,但是离其他国家却很远,所以这些岛礁的主权应该属于最邻近的国家即菲律宾。如"美济礁距离巴拉望岛135海里,而距离海南岛却有650海里,因此,美济礁是在菲律宾的海域之内"。②

5. 国际法关于专属经济区和大陆架的规定

依据《联合国海洋法公约》的规定,沿海国可以为本国划定从领海基线量起200海里的专属经济区和200—350海里的大陆架。菲律宾是群岛国,其领海基线是把群岛最外面的各岛屿的适当之点连接起来的直线基线。这样,菲律宾就拥有从领海基线量起的200海里专属经济区及可延伸至350海里的大陆架。如黄岩岛距吕宋岛不足200海里,菲方认为在菲律宾的专属经济区内,菲律宾拥有黄岩岛的主权及其周边海域的管辖权。③

---

① 菲律宾的这一法律观点,在其2013年提请"南海仲裁"的"Notification and Statement of Claims"中集中体现出来。参见:Stefan Talmon and Bing Bing Jia, *The South China Sea Arbitration: A Chinese Perspective*, Hart Publishing, 2014, pp. 213-217。
② 李金明:《21世纪南海主权研究的新动向》,《南洋问题研究》,2001年第1期。
③ 冯学智:《中国海洋权益争端的国际法分析》,中国政法大学出版社,2013年版,第137—138页。

6. 安全原则

菲律宾方面认为，南沙群岛对菲律宾的国家安全至关重要。1974年3月，菲律宾外长罗慕洛在谈到南沙时说："国家安全是提出主权要求的主要依据。菲方认为，南中国海事实上是菲国整个南部、西部、北部的屏障。菲律宾与中国台湾地区、越南、中国大陆、马来西亚隔海相望，过去这些国家、地区在军事上、经济上或以非法移民的方式对菲构成威胁。第二次世界大战期间，日本利用南沙作为进攻菲律宾的跳板。因此，为了国家安全，菲律宾不会放弃对南中国海的主权要求。"[1]

事实是，菲律宾在南沙问题上的辩解苍白无力。中国对南海诸岛及其附近海域拥有无可争辩的主权，中国在南海的主张有充分的历史与法理依据。南海诸岛是中国最早发现、最早命名、最早经营开发与管理的。许多有独立见解的国际法专家对南海争议持客观看法，如乔治敦大学乔伊纳教授认为，在南海争议各方中，中国的理由"最充分"，而越南的理由同菲律宾和马来西亚的声称一样，都是软弱无力的。[2] 菲律宾以地理邻近为由，对南沙群岛提出主权要求，更是荒唐，在国际法上毫无根据。

早在东汉，杨孚《异物志》就载有："涨海崎头，水浅而多磁石。"三国时期万震著有《南州异物志》，其中写道："东北行，极大崎头，出涨海，中浅而多磁石。"[3] "涨海"是中国古代对南海的最早称谓。[4] 因南海夏季多台风，冬季受大陆季风影响，常波涛汹涌，故为"涨海"。"崎头"是中国古人对礁屿和浅滩的称呼。"磁石"指未露出水面的暗礁，因船只触碰搁浅遇难，犹如磁石吸附，

---

[1] 吴士存：《南沙争端的起源与发展》，中国经济出版社，2009年版，第136页。
[2] Sam Bateman, *Increasing Competition in the South China Sea: Need for a New Game Plan*, RSIS Commentaries, No. 157/2012, dated 21 August 2012.
[3] 《中国古今地名大词典》，台湾商务印书馆，1952年版，第1106页。
[4] 高子川、林松：《蓝色警示——21世纪上半叶的海洋争夺》，海潮出版社，2013年版，第126页。

故名。① 南宋赵汝适《诸蕃志》就南海曾云："东则千里长沙，万里石床，渺茫天际，天水一色。"千里长沙指西沙群岛，万里石床（塘）则是南沙群岛。明清时代，官方修纂的《广东通志》《琼州府志》《万州志》等地方志书，都把西沙群岛、南沙群岛记载在"疆域""山川""海境"等条目中，如云："万州有千里长沙，万里石塘。"可见，中国政府很早就把西沙群岛、南沙群岛列入广东省琼州府万州管辖。万州即今海南省万宁县。明清时代的官方舆图、航海图（如《郑和航海图》）对西沙群岛、南沙群岛也都做了明确标绘。康熙《大清中外天下全图》、雍正《清直省分图》、乾隆《大清一统天下全图》、嘉庆《清绘府州县厅总图》都将西沙群岛、南沙群岛分别标绘为"千里长沙""万里石塘"，列入清朝版图之内。

中国古代渔民在南海诸岛的生产生活等开发活动还有日记形式的记载，如明清中国渔民的《更路簿》。《更路簿》是中国海南岛渔民在西沙和南沙群岛进行生产活动的航海指南，也是积累了许多人航行实践经验的集体创作，它孕育于明代，后不断完善，记载了渔民从海南岛文昌县的清澜或琼海县的潭门港起，航行至西沙、南沙群岛各岛礁的航海航向和航程。

第二次世界大战后的相当长时期内，南海周边没有任何国家对中国在南海诸岛及其附近海域行使主权提出异议，世界上绝大多数国家都对中国在南海诸岛的主权予以承认和尊重，因此，事实上并不存在所谓的南海问题。1965年出版的法国《拉鲁斯国际地图》不但用法文拼音标明西沙、南沙和东沙群岛的中国名称，而且在各岛名称后注明属于中国。美国1971年出版的《世界各国区划百科全书》指出：中国的群岛"包括南中国海的一些礁石和群岛，最远伸展到北纬4度。这些礁石和群岛包括东沙、西沙、中沙和南沙群

---

① 冯学智：《中国海洋权益争端的国际法分析》，中国政法大学出版社，2013年版，第146页。

岛"。日本 1972 年出版的《世界年鉴》说："中国……除大陆部分的领土外,有海南岛、台湾、澎湖列岛及中国南海上的东沙、西沙、中沙、南沙各群岛等。"①

1934 年 12 月 21 日,中国"水陆地图审查委员会"作出了审定中国南海诸岛中英文地名的决议。1935 年 1 月,该委员会公布了审定后的《中国南海各岛屿中英文对照表》,详细地罗列了南海诸岛 132 个岛、礁、沙、滩的名称。1935 年 4 月,该委员会出版了《中国南海岛屿图》,确定了中国南海最南的疆域线至北纬 4 度,把曾母暗沙标在疆域线之内。1939 年,日本强行占领了南沙群岛,划归台湾总督管辖。抗日战争胜利后,中国政府根据 1943 年 12 月签署的《开罗宣言》和 1945 年 7 月签署的《波茨坦公告》,1945 年 10 月 25 日开始收复台湾,随后正式收复西沙群岛和南沙群岛。中国海军收复南海诸岛期间,实测和绘制了南海诸岛地图,包括《南海诸岛位置图》《西沙群岛图》《中沙群岛图》以及《南沙群岛图》等。

1947 年,当时的中国政府内政部方域司在其编绘出版的《南海诸岛位置图》中,以未定国界线标绘了一条由 11 段断续线组成的线。中华人民共和国成立后,经政府审定出版的地图在同一位置上也标绘了南海海域国界线,将 11 段断续线改为 9 段断续线。这一条线通常被称为传统南海海域疆界线,因其形状为"U"形,所以也被称为"U"形线。

中国政府 1958 年 9 月 4 日《关于领海的声明》,宣告中国领海宽度为 12 海里,适用于中国一切领土,包括南海诸岛。1992 年通过了《中华人民共和国领海及毗连区法》,1996 年 5 月中国政府公布了中国大陆领海的部分基线和西沙群岛的领海基线以及中国的专属经济区及大陆架的范围。

---

① 高子川、林松:《蓝色警示——21 世纪上半叶的海洋争夺》,海潮出版社,2013 年版,第 127、130 页。

菲律宾虽然试图通过《联合国海洋法公约》挑战中国的南海主权，但漏洞百出。2009年3月10日，菲律宾总统阿罗约不顾中国反对，正式签署了国会通过的《领海基线法》，将中国的南沙部分岛礁和黄岩岛划入菲律宾领土。对此，菲律宾国内甚至政府层面意见也有分歧。时任菲律宾参议院外委会主席的米丽娅姆，就多次揭秘历史上菲律宾从未对南沙主张过主权，但阿罗约对此置若罔闻。米丽娅姆解释，如果将南沙群岛部分岛礁和黄岩岛划入菲律宾领海基线范围内，不仅不符合国际法的相关规定，还会"引起邻国的不满"。她说："国内法不能凌驾于国际法之上，如果把斯普拉特利群岛（中国南沙群岛）和斯卡伯勒浅滩（中国黄岩岛）划在领海基线范围内，一定会遭到国际法庭的否定，到头来我们可能会一无所获。""过去几个世纪，我们从没有把卡拉延（中国南沙群岛中的马欢岛、南钥岛、中业岛、西月岛、北子岛、费信岛、草沙洲和司令礁8个岛礁被菲律宾称为所谓的'卡拉延群岛'）看做是菲律宾群岛的一部分，现在我们也无法证明这一点。"[1]

其实，中国坚持南中国海的历史性权利与《联合国海洋法公约》并不冲突。《国际法院规约》第三十八条指出，按照一般国际法原则，对他国领土主权和历史性权利要予以尊重。1947年中国传统海疆线的确立比《联合国海洋法公约》生效要早47年，当时大陆架、专属经济区等概念还未产生，故不能以新的海洋法公约去否认中国传统海疆线。中国"九段线"的划定在实践上要远远早于《联合国海洋法公约》。根据国际法的"禁止反言"原则，不能因为有了新法就援引新的法条去否定传统的法律实践。[2] 况且，中国关于南中国海的"U"形疆界线是历史遗留下来的，有其法理根据，历史上中国政府有一系列公告、声明、法规、地图且得到当时国际社会的

---

[1] 长江：《美女总统阿罗约》，中国经济出版社，2010年版，第230页。
[2] 张召忠：《走向深蓝》，广东经济出版社，2011年版，第326页。

承认。

从国际法院关于海岛主权归属及海洋划界争端的判案实践看，其审查和判案进路为优先考虑条约规定（有无相关约定和明示）和保持占有，其次为有效统治，最后是其他法理依据包括国际承认、官方地图等。尽管中国在签署《联合国海洋法公约》时，已经声明中国不接受关于海洋争端的国际仲裁（中国主张通过当事国的双边谈判解决）。但是，为了做到有备无患，中国也应该吸取国际判案实践的经验教训，加强对南沙岛礁的实际管控，积极做好国际法层面的相关准备工作。

二、防御重心转到海上，维护菲律宾的海洋权益，保证海上安全

近年随着国内反叛势力有所衰弱，菲律宾的防务重点开始转移，其海洋战略日渐突出与明晰。

自2010年阿基诺三世就任菲律宾总统以来，菲律宾更加重视海空军力建设。阿基诺试图将菲律宾武装部队的防务重点从"维护国内安全"转到"强化领土防卫"上来，在战略重心上重点关注西部海区的防卫与海上安全。[①] 近年，菲律宾政府大力采购新式武器装备，提升菲律宾的海空作战能力，加强对重点海区的防卫与经营。在南沙海洋权益争夺日趋激烈之际，菲律宾驻巴拉望省的西部军区指挥官亚历山大·洛帛示副上将，于2015年4月24日接受记者采访时说："我们必须履行我们的职责，那就是保护及保卫我们的领土。我们将利用一切可供使用的军备，在西菲律宾海（南中国海）进行领土和主权巡逻。"他还强调，目前菲律宾的"海军设备都已经

[①] 释清仁：《菲律宾军事战略调整表现出目标与手段选择的错乱》，http://yn.people.com.cn/news/n/2012/1123/c336247-17759586-2.html。

增强了，其中包括菲空军的飞机"。① 目前，菲律宾把维护与拓展海洋权益，保证海上交通线畅通，加强近海防御，提高国土防御能力，② 保卫菲律宾的领海主权、海洋专属权利与海洋资源，作为菲律宾海洋战略追求的重要目标。

从军事角度看，菲律宾实行"积极防御"与"重点防御"战略。积极防御，即指尽可能早地发现各种现实和潜在的威胁，并及时做出反应。在作战指导思想上奉行纵深防御，加强菲律宾西、北、南三个方向的防御部署。菲律宾军队重点加强首都马尼拉及其毗邻的西部南沙海区的防卫，有半数以上的舰艇和陆战队部署在西部海区。菲律宾有空军基地三处（克拉克、库比岬、马尼拉）和海军基地三处（甲米地、三宝颜、宿务）③，其中全部空军基地与三处海军基地中的一处都位于南中国海周边。

三、发展海洋经济，加强海洋生态保护，确保菲律宾经济可持续发展

目前，菲律宾不仅陆地环境，而且海洋环境也遭到严重破坏。包括菲律宾在内的东南亚国家毁林现象相当严重，研究表明森林面积正在空前规模地消失。菲律宾、泰国和爪哇的森林面积在20—30年时间里消失了一半，而剩下的大多从一等硬木材退化为二等软木材。一些专家估计，东南亚的热带雨林在一两代人之内就有可能完全消失。相对于毁林而言，海洋环境的破坏没有那么明显，但代价并不亚于森林毁坏。使用高新技术的海洋渔船包括日本制造的大型拖捞船，可把鱼类不分大小、不分种类地统统消灭。而当地的近海

---

① 《菲将加强南海巡逻》，《菲律宾商报》，2015年4月25日报道。
② DND Chief Says AFP Modernization in Full Swing, http://www.philstar.com/Article.aspx?publicationSubCategoryId=63&articleId=824905.
③ 马燕冰、黄莺：《菲律宾》，中国社会科学出版社，2007年版，第270—271页。

渔民则使用爆破捕鱼技术（利用炸药或者撞击式榴弹）和化学毒药，这些手段暂时可以帮助他们维持生计，但却付出了破坏珊瑚暗礁和减少海洋生命的沉重代价。到20世纪80年代，菲律宾95%的珊瑚暗礁被破坏，75%被部分地摧毁。[①]

近年，菲律宾政府开始高度重视海洋开发与海洋环境保护相结合、相协调。《菲律宾国家海洋政策》就提出，要坚持开发和管理海洋资源与可持续发展保持一致；采取"谁污染谁治理"的原则，以一体化的管理体系为基础对沿海资源进行管理。此外，还提出发展海洋研究、推广海事技术、促进海洋产业发展、融合区域经济和技术合作、积极参与保护海洋环境的国际合作等。

为了实现国家的可持续发展，菲律宾在联合国环境与发展大会通过的重要文件《21世纪议程》的基础上，制定了《菲律宾21世纪议程》。该议程建立在"赋权"的基础上，希望通过"赋权"，让政府、民间社会、工商界等相关各方，在经济公平增长、社会治理和清洁环境等方面充当更加积极的角色。该议程还认识到生态系统的相互作用对整体环境的影响，提出以生态系统为基础的战略，实施岛屿综合开发方法。

《2011—2016菲律宾发展计划》强调渔业和农业具有几乎相等的地位，两者是菲律宾经济发展的重要支撑，明确提出了菲律宾的渔业、农业发展目标，加强对沿海和海洋资源的管理，有效保护生物多样性和生态系统。[②]

总起来说，菲律宾海洋自然资源禀赋得天独厚，其海洋经济发展空间非常宽广。马来西亚学者Hans-Dieter Evers对东盟国家的海洋经济和海洋潜力做了定量研究，根据他提供的数据，2005年菲律宾的海洋潜力指数（一个国家的海洋发展潜力和自然资源禀赋状况）

---

① ［新西兰］尼古拉斯·塔林：《剑桥东南亚史》第2卷，云南人民出版社，2003年版，第402页。

② 雷小华、黄志勇：《菲律宾海洋管理制度研究及评析》，《东南亚研究》，2014年第1期。

为96.96,海洋经济指数(衡量一国海洋经济发展状况)为40.23,海洋成效指数(主要测量一国海洋潜力的利用程度)为3.98。[①] 可以看出,菲律宾海洋自然资源禀赋和海洋潜力非常优秀,但利用程度很差,这从另一方面也说明菲律宾海洋经济尚处于起步阶段,有巨大的发展潜力。

第二节 菲律宾的海洋法律主张与实践

目前,世界上有40多个群岛型国家,包括菲律宾、印度尼西亚、斯里兰卡、马尔代夫、巴林、日本、巴布亚新几内亚、新加坡、斐济、塞浦路斯、英国、新西兰、海地、格林纳达、多米尼加、巴哈马、古巴和牙买加等。当然,有些国家,如英国和日本并不认同自己的群岛国家身份。长期以来,大陆沿海国家与群岛型国家,在如何划分海洋权益方面一直存在分歧。

一、菲律宾倡议推动群岛国制度

倡议推动群岛国制度,是菲律宾维护和拓展海洋权益的重要举措。

早在19世纪初,就已经产生"群岛"法律问题。群岛所包围的水域即群岛水域,在经济与军事诸方面对沿岸国有着重要意义,而且很可能是由沿岸国最早进行开发的,因而就产生了沿岸国有权管辖群岛水域的主张,认为群岛所包围的水域在法律上相当于陆地。

[①] Hans-Dieter Evers, *The Maritime Potential of ASEAN Economies*, Journal of Current Southeast Asian Affairs, 2011, Vol 1: pp. 117 – 124.

英国、法国、德国、西班牙、丹麦与荷兰等国，先后将位于沿岸的群岛与大陆视为一个整体。

到 19 世纪中叶，与此相反的观点出现，开始把远离大陆的大洋群岛视为一个整体。1854 年 5 月 16 日，关于夏威夷中立的法令，就将各岛屿之间的海峡水域置于夏威夷管辖之下。

其后，国际学界及有关国际机构，开始就群岛的性质与地位问题展开研究。1930 年，海牙国际法编纂会议筹备委员会对群岛问题提出了草案，意欲对领海宽度测算以及基线长度等问题作出规定，但由于技术手段和技术资料准备不足，使会议放弃对此问题作出明确规定，并且对群岛水域的性质未表示意见。

对群岛理论的发展产生重大影响的是 1951 年国际法院关于英挪渔业案判决。1951 年 12 月 18 日，国际法院作出判决，认为挪威划定领海的直线基线方法没有违背国际法，英国坚持的基线长度不超过 10 海里也不是普遍接受的国际法规则。法院判决承认了直线基线合法，并且不以 10 海里为限，这有利于群岛国以较长的基线划定群岛范围。由于传统上基线向陆一侧是内水，这为群岛国借以主张群岛水域是国家主权管辖下的内水提供了依据。

1958 年 2 月 24 日至 4 月 27 日，在日内瓦召开了第一次联合国海洋法会议，有关国家就群岛问题提出了相关建议或提案。印度尼西亚代表主张：群岛在本质上与其说是四周拥有水域的岛屿，不如说是由散布的岛屿所围绕的水域。群岛应视为一个整体，各岛屿或岛屿四周的水域应视为构成群岛陆地不可分割的整体的一部分。菲律宾对国际法委员会草案中关于直线基线和岛屿的规定提出修正案，内容包括两点：直线基线的方法，也应该适用于各岛相互接近形成一个紧密的整体，并且在历史上被视为一个单一体的洋中群岛；当洋中群岛相互接近形成一个紧密的整体，并在历史上被视为一个单一体时，这些岛屿可视为一个整体，适用直线基线划定领海，基线应沿着最外围岛屿的海岸划定。基线内的水域视为内水。然而，支持这个提案的国家很少。英国代表则主张：群岛问题的复杂性使其在海牙国际法编纂会议及国际法委员会中无法获得解决，这个问题以洋中群岛较大陆沿岸群岛更为复杂，因为部分洋中群岛分布极广，如果适用群岛原则，将使群岛拥有的陆地和水域不成比例。这样，由于争议太大，所有关于群岛问题的提案都没有进入实质讨论阶段。

1960年3月17日至4月27日，在日内瓦召开了第二次联合国海洋法会议。期间，菲律宾和印度尼西亚代表再次重申对群岛问题的立场。由于菲律宾的群岛水域一部分是以历史性水域为基础，因而对印度尼西亚等18个国家的提案进行修正，认为有关领海宽度的规定不得影响历史性水域的法律性质。会议决定把历史性水域列为专案进行研究。

1973年，在联合国海底委员会中，菲律宾、印度尼西亚、斐济和毛里求斯等四个群岛国提出《群岛原则建议》，后又提出《关于群岛的条款草案》，英国提出《群岛国的权利和义务的条款草案》。这些提案对群岛和群岛国、群岛基线、群岛水域和通过制度做了规定。

1973年12月3日到1982年12月10日，召开了历时9年计11期的第三次联合国海洋法会议。1982年12月10日，最终通过了《联合国海洋法公约》。第三次海洋法会议期间，有包括菲律宾四群岛国提案在内的9个提案涉及到群岛问题。经过会议辩论，先后产生《非正式单一协商案文》《订正的非正式单一协商案文》《非正式综合协商案文》，群岛国的主张基本被接受，最后规定在《联合国海洋法公约》第四部分中。《联合国海洋法公约》第四十六条对"群岛国"做了界定："是指全部由一个或多个群岛构成的国家，并可包括其他岛屿。"

通过细致研读《联合国海洋法公约》第四部分，可以看出，"群岛国制度"主要包括群岛基线制度、群岛水域法律地位以及群岛水域通过制度等内容。下面分别予以分析。

第一，群岛基线制度。（1）基点的确定。《联合国海洋法公约》第四十七条规定，"群岛国可划定连接群岛最外缘各岛和各干礁的最外缘各点的直线群岛基线。""除在低潮高地上建有永久高于海平面的灯塔或类似设施，或者低潮高地全部或一部与最近的岛屿的距离不超过领海的宽度外，这种基线的划定不应以低潮高地为起讫点。"（第四十七条第四款）群岛基线可作为测量其领海、毗连区、专属经济区和大陆架宽度的基础。（2）群岛基线划定的限制性条件。群岛基线的划定应按照包括环礁在内的陆地面积和水域面积的比例进行之。陆地和水域面积的比例应为1∶1到1∶9之间。（第四十七条第一款）群岛基线的划定不应在任何明显的程度上偏离群岛的一般轮廓。群岛的主要岛屿应包括在基线以内。"群岛国不应采用一种基线制度，致使另一国的领海同公海或专属经济区隔断。"（第四十七条第五款）（3）基线长度规定。群岛基线的长度不应超过100海里。围绕群岛的基线总数中至多有3%的基线可超过该长度，但最长不得超过125海里。（第四十七条第二款）

第二，群岛水域的法律地位。群岛基线内的水域构成群岛水域。群岛水域是国际法上的一个新概念，这一水域既不属于内水，也不是领海。群岛国的主权及于群岛水域，及于群岛水域的上空、海床和底土，以及其中所包含的资源。（第四十九条第一、二款）但是这项主权要受到其他第三国所享有之权利的限制。群岛国应尊重与其他国家的既有协定，应承认直接相邻国家在群岛水域范围内的某些区域内的传统捕鱼权利和其他合法活动。行使这种权利和进行这种活动的条款和条件，应由有关国家之间的双边协定予以规定。这种权利不应转让给第三国或其国民，或与第三国或其国民分享（第五十一条第一款）。群岛国应尊重其他国家所铺设的通过其水域而不靠岸的现有海底电缆。群岛国于接到关于这种电缆的位置和修理或更换这种电缆的意图的适当通知后，应准许对其进行维修和更换（第五十一条第二款）。

第三，群岛水域通过制度。所有国家的船舶均享有通过群岛水域的无害通过权。（第五十二条第一款）另外，"群岛国可指定适当的海道和其上的空中航道，以便外国船舶和飞机继续不停和迅速通过或飞越其群岛水域和邻接的领海"。（第五十三条第一款）"所有船舶和飞机均享有在这种海道和空中航道内的群岛海道通过权。"（第五十三条第二款）这种海道和空中航道的宽度可达50海里。（第五十三条第五款）群岛海道通过，是专为在公海或专属经济区的一部分和公海或专属经济区的另一部分之间继续不停、迅速和无障碍地过境的目的，行使正常方式的航行和飞越的权利。

菲律宾大力倡导与推动建立群岛国制度，并从《联合国海洋法公约》的群岛国制度中大受其益。群岛国制度中的群岛水域、直线基线、基线外的领海、专属经济区以及大陆架的相关规定，可大大拓展菲律宾所期望的"蓝色国土"的范围。当然，最终形成的群岛国制度并未完全如菲律宾所愿，如菲律宾期望群岛水域被认定为内水，就未实现。

二、《联合国海洋法公约》框架下的新行动

早在《联合国海洋法公约》正式确立群岛国制度之前，菲律宾就开始了群岛问题的法律行动。1961年，出台了"关于确定菲律宾领海基线"的法令。以该法令为代表的菲律宾国内法与《联合国海洋法公约》多有矛盾之处，但菲律宾政府长期拒绝修改。

菲律宾主张全部群岛水域为内水。1955年12月12日，菲律宾政府致联合国秘书长的备忘录指出，位于构成菲律宾群岛的各岛屿周围和各岛屿之间以及连接各岛屿的全部水域，不论其宽度和长度如何，均是领陆的不可分割的附属物，构成受菲律宾排他性主权支配的国家水域，或内水的不可分割的组成部分。备忘录还指出，由于国际法准则并没有规定一个国家内水的宽度，因而将内水制度扩

展至各岛屿之间的水域是完全合法的。1961年6月17日，菲律宾出台的"关于确定菲律宾领海基线"的第3046号共和国法令，规定菲律宾各岛屿之间的水域等同于国家的陆地领土，具有内水的地位。1973年1月17日，菲律宾颁布了新宪法，再次重申菲律宾群岛的各岛屿周围、各岛屿之间以及连接各岛屿的水域，不论其宽度如何，都是菲律宾内水的组成部分。

菲律宾的领海基线为连接群岛外缘岛屿上适当各点的各直线。1961年第3046号法令及修正该法令的1968年第5446号法令，列出了各基点的名称、地理位置及相邻基点之间的距离。据统计，菲律宾的领海基线由80条直线组成，总长2775.65海里，平均每条约长24.7海里。超过100海里的一条，实际长度为140.6海里（与其后通过的《联合国海洋法公约》关于基线最长不得超过125海里的规定不符），占基线总数的1.6%。1978年6月11日，菲律宾发布"设立专属经济区及其他事项"的第1599号总统令，其中第一条规定：菲律宾"专属经济区应从测算领海宽度的基线量起，向外延伸至200海里的距离。如按此测定的该区域的外部界限与毗连或相邻的国家的专属经济区相重叠，则共同的边界线应与有关国家协议或按照有关划界的适当公认的国际法准则予以确定"。

菲律宾关于其群岛水域之通过的规定。菲律宾实行严格的内水制度，外国船舶不享有无害通过权和群岛海道通过权。第3046号法令规定，只有经菲律宾政府的同意，外国船舶才能通过其群岛水域。

1984年5月8日，菲律宾批准了《联合国海洋法公约》；1994年11月16日，《联合国海洋法公约》按照相关规定也正式生效。但菲律宾机会主义地对待《联合国海洋法公约》，长期未对照公约规定对本国立法进行修改，曲解《联合国海洋法公约》，借机对一些争议区域提出主权要求。

《联合国海洋法公约》正式生效后，菲律宾作出的扩张海洋权益的法律行动主要有如下三项。

第一，通过新的"领海基线法"，强化对争议岛礁及海域的法理侵占。

1994年《联合国海洋法公约》生效以后，菲律宾借口《公约》关于200海里专属经济区之规定，对中国黄岩岛（距菲律宾吕宋海岸不足200海里）提出权利要求。菲还杜撰出所谓"地理临近"原则，据此对南沙群岛的部分岛礁提出主权要求。

2007年，菲律宾国会开始审议关于修订菲领海基线的议案。2007年12月，菲律宾众议院通过了"3216号法案"，该法案在所谓的"斯卡伯勒礁"（黄岩岛）和"卡拉延群岛"（南沙群岛大部分岛礁）划定直线基线，将其与原来的直线基线连接，从而把上述岛礁封闭在菲律宾群岛之内，使其成为菲律宾群岛的组成部分。[①] 该法案严重违背了《联合国海洋法公约》关于"群岛基线"的有关规定，《公约》第四十七条第二款明确指出："这种基线的划定不应在任何明显的程度上偏离群岛的一般轮廓。"将黄岩岛与南沙群岛圈在基线内，"菲律宾群岛"的轮廓就彻底变了样。该法案将领海基点定在黄岩岛和南沙部分岛礁，就使两者与菲律宾吕宋岛和巴拉望岛之间的大片公海变为具有接近内水性质的"群岛水域"，但是，凭菲律宾的现有实力和南海争端现状，菲律宾对该水域是根本无法实现管控的。菲律宾闹出了国际笑话，如此乱来，很有可能自取其辱。然而，菲律宾海洋权益扩张的目的不会变，接下来，其采取了退而求其次的行动。

2009年1月28日，菲律宾参议院通过了"2699号法案"，没有再将黄岩岛和南沙岛礁纳入领海基线，而是借口实行"岛屿制度"，将两者置于菲律宾"主权"之下。《联合国海洋法公约》第八部分（即第一二一条）对"岛屿制度"做了专项规定，该部分第三款规定："不能维持人类居住或其本身的经济生活的岩礁，不应有专属经

---

① 贾宇：《从国际法看菲律宾的领海制度》，《中国海洋报》，2009年4月14日。

济区或大陆架";第二款则指出,具备一定条件之"岛屿的领海、毗连区、专属经济区和大陆架应按照本公约适用于其他陆地领土的规定加以确定"。菲律宾的目的是将黄岩岛和南沙岛礁划入领土范围,再借用"岛屿制度"领有相应之专属经济区和大陆架。

其后,在"2699号法案"基础上,菲律宾参众两院通过了"领海基线法案"。2009年3月10日,菲律宾总统阿罗约予以签署。黄岩岛和南沙群岛是中国固有领土,菲律宾此举严重侵犯了中国的领土主权和相关海洋权益,中国政府进行了严正抗议与交涉。

菲律宾新通过的"领海基线法",增加了菲律宾的领海基点,由原来的80个增加到101个。修订后的基线,扩大了菲律宾管辖海域的面积,使基线以内的内水面积比原来扩大了1.9万多平方公里。规定菲律宾对所谓的"卡拉延群岛"(南沙群岛大部分岛礁)和"斯卡伯勒礁"(黄岩岛)拥有主权和管辖权,并对这些岛屿适用《联合国海洋法公约》规定的"岛屿制度"。[①] 修改了原有领海基线法中明显违背《联合国海洋法公约》的地方,将菲律宾的领海基线由最长的140.05海里,调整为最长为116.54海里(《联合国海洋法公约》规定基线最长不能超过125海里)。

第二,向联合国大陆架界限委员会提交外大陆架申请方案。

菲律宾颁布新的《领海基线法》,有助于强化其对争议岛屿的主权要求,体现其对争议岛礁的所谓"有效管辖",为将来的国际司法解决积累"证据";更为重要的是为其提交200海里外大陆架划界案扫除了法律上的障碍。

2009年4月8日,菲律宾向联合国大陆架界限委员会提交了关于其200海里外大陆架的部分划界案。该划界案使菲律宾不仅可能获得更大面积的海域及其资源,而且使其在南海周边那些准备提交

---

① 贾宇:《从国际法看菲律宾的领海制度》,《中国海洋报》,2009年4月14日。

外大陆架划界案、且与菲存在领土争议的国家中占得先机。①

第三，精心策划，就南海争端提交国际仲裁。

2013年1月22日，菲律宾就与中国之间的南海管辖权争议，将中国告上了海牙常设仲裁法庭（Permanent Court of Arbitration），要求进行强制仲裁。

菲律宾要求国际仲裁法庭，澄清当事国依据《联合国海洋法公约》在南海的权利和义务，判定中国在南海的"九段线"无效；要求仲裁法庭明确宣布中国非法占领的华阳礁等属于"水下特征"，是菲律宾大陆架组成部分；宣布美济礁和永暑礁等分别属于"低潮高地""岩礁"；要求裁定太平岛为"岛礁"，不适宜人类居住，均不得享有《联合国海洋法公约》所赋予岛屿的200海里经济海域。

2015年7月，海牙国际仲裁法庭举行了"南中国海仲裁案听证会"，菲律宾多名政府部长出席。

2015年10月29日，海牙国际仲裁法庭裁决有权审理菲律宾就南中国海主权争议提出的诉讼。其在发布的声明说，这一案件反映了"两国间对《联合国海洋法公约》的解释或应用出现的纷争"，因此属于该法院管辖的范围。② 中国早就宣布，不接受国际仲裁，国际仲裁法庭作出的任何判决均无效。

2016年7月12日，海牙国际仲裁庭公布了菲律宾提起的南海案的仲裁结果。仲裁结果主要包括如下内容：（1）中国根据"九段线"主张的历史性权利没有法律依据。仲裁庭认为，即使中国曾在某种程度上对南海水域的资源享有历史性权利，这些权利也已经在与《联合国海洋法公约》关于专属经济区的规定不一致的范围内归于消灭。仲裁庭同时指出，尽管历史上中国以及其他国家的航海者和渔民利用了南海的岛屿，但并无证据显示历史上中国对该水域或

---

① 薛桂芳：《〈联合国海洋法公约〉与国家实践》，海洋出版社，2011年版，第153页。
② 《海牙法院裁决有权审理南中国海诉讼》，联合早报网，2015年10月31日报道。

其资源拥有排他性的控制权。(2)关于南沙群岛岛礁地位的裁决：南沙群岛无一能够产生延伸的海洋区域（专属经济区与大陆架），南沙群岛也不能够作为一个整体共同产生海洋区域。仲裁庭首先评估了中国主张的某些礁石在高潮时是否高于水面。高潮时高于水面的岛礁能够产生至少12海里的领海，而高潮时没入水中的岛礁则不能。仲裁庭重申《联合国海洋法公约》基于岛礁的自然状态对其进行归类，并依据历史资料对这些岛礁进行评估。仲裁庭认定，在自然状态下黄岩岛、赤瓜礁、华阳礁、永暑礁、南熏礁（北）和西门礁为高潮时高于水面的岛礁，而渚碧礁、东门礁、美济礁以及仁爱礁为高潮时没入水中的岛礁。仲裁庭之后审议了中国所主张的任一岛礁是否可以产生超过12海里的海洋区域的问题。根据《联合国海洋法公约》第一百二十一条，岛屿可以产生一个200海里的专属经济区和大陆架的权利，但是"不能维持人类居住或其本身的经济生活的岩礁，不应有专属经济区或大陆架"。仲裁庭对第一百二十一条进行解释并得出结论，认为对一个岛礁的权利主张取决于（a）该岛礁的客观承载力；（b）在自然状态下，是否能够维持（c）一个稳定的人类社群或者（d）不依赖外来资源或纯采掘业的经济活动。仲裁庭认为，目前官方人员在许多岛礁上的驻扎并不能证明它们在自然状态下维持稳定的人类社群的能力，并且认为关于人类居住或者经济生活的历史证据与这些岛礁的客观承载力更为相关。仲裁庭指出南沙群岛在历史上被小规模的中国和其他国家的渔民所利用，并且在20世纪二三十年代也有在其上建立日本渔业和肥料开采企业的尝试。仲裁庭认定渔民对这些岛礁的短暂的利用不能构成稳定的人类社群的定居，以及历史上所有的经济活动都是纯采掘性的。因此，仲裁庭认定，南沙群岛的所有高潮时高于水面的岛礁（包括太平岛、中业岛、西月岛、南威岛、北子岛、南子岛）在法律上均为无法产生专属经济区或者大陆架的"岩礁"。(3)中国行为违反菲律宾在专属经济区内的主权权利。仲裁庭裁定中国的以下行为违反了菲律宾在其专属经济区享有的主权权利：（a）妨碍菲律宾的捕鱼和石油开采；（b）建设人工岛屿；（c）未阻止中国渔民在该区域的捕鱼活动。仲裁庭还认为，菲律宾渔民如中国渔民一样，在黄岩岛有传统的渔业权利，而中国限制其进入该区域从而妨碍了这些权利的行使。中国执法船对菲律宾船只进行拦截的行为，非法地造成了严重的碰撞危险。

可以说，海牙国际仲裁庭的裁决极为"大胆"、"激进"，甚至越权对"岛"重新作了定义，大大超出法学界的预料。仅从法律层面看，本裁决就存在诸多争议与问题。第一，中国提出国际仲裁庭无权管辖本案，有国际法上的根据。2015年10月的中间裁决，仲裁庭依据《联合国海洋法公约》第二百八十八条之规定（当管辖权存有疑问时，可由法庭自行决定）自我裁定有管辖权，完全忽视了《联合国海洋法公约》第二百九十八条有关"例外的规定"。《公约》第二百九十八条明文规定，任何争端只要"涉及"海洋划界、领域主权、军事冲突、历史性权利的因素，任何缔约国就可书面声明排除强制管辖（中国签约时已书面排除）。而南海仲裁明显已涉及上述四种"例外"情况，因此任何强制诉讼或仲裁程序，均属无效。由于所有的法律都是前面写原则，后面写例外。而例外要优于原则规定。[①] 然而，仲裁庭故意轻视例外的错误做法，破坏了条约的可预期性，也造成本仲裁在程序上的非法。第二，仲裁庭认为中国"九段线"框定的历史性权利已因中国签署《公约》而被吸收，完全是颠倒黑白，缺乏对《公约》的正确认知。《公约》不但没有任何"合并条款"将其他权利统统吸收进去，而且处处提到对历史性权利的尊重。例如有关领海基线的划定规定，规定对于海岸曲折、岛屿罗列的地区，可以划直线基线，但立刻同时强调应当尊重其他国家"过去"在此水域享有的权利。《公约》中诸如此类的规定很多，体

[①] 傅崐成：《南海仲裁，中国最后将是赢家》，共识网，2016年7月19日。

现了《公约》对历史性权利的尊重，与公约规定的其他权利，并行不悖。① 第三，国际仲裁庭自行界定了"岛屿"的定义，超出了《公约》关于实体权利的规定。根据《公约》第一百二十一条的规定，"岛"与"岩礁"的区别在于能否"维持人类居住或其本身的经济生活"。此次，国际仲裁庭"大胆""发展了法律"，将"岛"与"岩礁"的区别，界定为"在自然状态下，是否能够维持一个稳定的人类社群（或者不依赖外来资源或纯采掘业）的经济活动"，等于提出了一个"超严标准"的"岛屿"定义。须知，法官的责任是根据现有规则做裁判，而不是发展新的规则。《联合国海洋法公约》是由主权国家缔结的条约，标准岂是仲裁庭就能决定？② 国际仲裁庭之判决对中国明显不公正，人为地将包括最大的太平岛在内的中国所控南沙诸岛人为降格为"岩礁"、"低潮高地"，否定了它们拥有延伸的海洋区域（专属经济区与大陆架）的权利。

中国政府对菲律宾单方提起的南海仲裁案的态度始终是明确的："仲裁庭没有管辖权"；对仲裁案中国"不参与、不接受，不承认"；仲裁庭 7 月 12 日作出的裁决"非法无效"。

本来，2016 年 6 月 30 日上台的菲律宾杜特尔特新政府在裁决前，屡次释放信号表示愿与中国通过双边协商解决南中国海问题。然而，此次裁决明显偏袒菲律宾，造成了菲律宾表面上的"全胜"与中国表面上的"全败"，结果激起了中菲双方民众强烈的民族主义情绪，势必增加今后双方谈判妥协的难度，但也因此让对话谈判更为必要。实际上，南海争端主要是个政治问题、历史遗留问题，仅靠法律不能解决问题。菲律宾出口商联合会理事长奥蒂斯·路易斯在仲裁后就指出：南中国海案仲裁庭作出的裁决对菲律宾而言只是"纸面上的胜利"，菲律宾现任政府没因此"沾沾自喜"是对的，因

---

① 傅崐成：《南海仲裁，中国最后将是赢家》，共识网，2016 年 7 月 19 日。
② 《仲裁案的大胆裁决与影响》，联合早报网，2016 年 7 月 15 日报道。

为终究还得看未来谈判能取得什么成果。① 2016年7月22日，菲律宾总统杜特尔特在南部省份讲话时，就暗示他愿意按照前总统拉莫斯的建议，搁置仲裁庭的裁决，恢复与中国的双边对话。② 菲方认识到，国际仲裁并没有使菲律宾实际上获得什么，中国在实质上也没损失什么。南中国海争端问题的解决，最终还要回到双边平等协商、搁置争议、共同开发的正确道路。

第三节　菲律宾的海洋管理结构与执法体制

作为群岛型国家，菲律宾重视海洋立法、海洋执法与海洋管理工作，建立了相关的海洋执法机构，包括运输暨通讯部下辖的海岸警卫队、内政暨地区管理部所辖的国家警察海事处、财政部属下之海关以及隶属国防部之海军（海洋执法最后之保障）。近年，菲律宾加强了海洋管理与执法的力度，但时有野蛮执法之行为，甚至借民事纠纷大动干戈、出动海军。2012年4月，中国渔民在中国黄岩岛水域正常作业，菲律宾出动军舰骚扰，结果引发中菲"黄岩岛对峙事件"。2013年5月9日，中国台湾地区一艘渔船在台湾屏东县东南约170海里的中菲重叠经济区作业时，遭到菲律宾海岸警卫队公务船的机枪扫射与长距追击，结果一名台籍船员被射杀。③ 中国台湾方面及中国政府均及时作出反应及严正交涉。因此，菲律宾的海洋政策、海洋管理结构及执法体制需引起关注。

---

① 《菲工商界希望政府同中国谈判南中国海问题》，联合早报网，2016年7月16日报道。
② 《总统暗示可搁置仲裁案裁决》，《菲律宾商报》，2016年7月24日报道。
③ 《台湾渔船遭菲律宾公务船扫射1人死亡》，凤凰网报道，http://news.ifeng.com/taiwan/special/taiwanyuchuan/content-3/detail_2013_05/10/25128467_0.shtml。

一、菲律宾的海洋管理部门与管理结构

从管理内容看，菲律宾的海洋管理包括海洋安全管理、海洋经济管理以及海洋环保管理等；从管理主体看，包括国家层面的宏观决策规划系统和部门操作层面的管理执法机构。

菲律宾海洋管理的宏观决策规划系统包括两部分：一个是国家的最高级决策机构，包括总统、国会、内阁等国家最高立法和行政机构，它们确定菲律宾海洋战略的发展方向；另外一个是规划系统，包括海上和海洋事务内阁委员会、海洋事务研究共同体以及其他相关国家机构和组织，主要负责国家海洋发展规划的制定和管理等相关工作，落实决策系统作出的战略决定。这些部门主要从宏观整体层面，负责菲律宾海洋管理的运筹、决策与规划。

菲律宾海洋管理的部门操作层面，主要包括环境和自然资源部、农业部渔业和水产资源局、菲律宾海岸警卫队等各个对海上和海洋资源进行管理的部门。具体来说，也可分为两部分：一部分是对海洋的管理；一部分是对岸际的管理。两个部分的主要区别体现在，岸际管理主体除了相关的国家政府部门，还同时包含地方政府部门的大量参与。[①] 海洋的管理由菲律宾海岸警卫队负责，岸际和内水管理则由国家警察海事处负责，由于国家警察海事处预算不足、设备落后，其相当之职责事实上也由海岸警卫队承担。

可以说，菲律宾海洋执法管理形成以菲律宾海岸警卫队为中心，其他部门协调配合的管理执法格局。

---

① 雷小华、黄志勇：《菲律宾海洋管理制度研究及评析》，《东南亚研究》，2014年第1期。

二、 菲律宾的海洋执法体制

菲律宾有 7000 多个岛屿，四周到处是海。[①] 菲律宾海岸线呈不规则状，有许多海湾、内湾，总长达 36289 公里，且为多岛屿地形，部分岛屿还被反政府武装占据，因而菲律宾的海洋管理极为复杂，执法任务繁重，执法挑战大。

菲律宾负责海洋安全执法的部门主要是国家安全委员会、海岸警卫队、海监中心、国家警察海事处、海关、海军等部门。菲律宾国家安全委员会主要负责制定与国家安全相关的政策，由总统任主席。2011 年新成立的菲律宾国家海监委员会，其主任即由国家安全委员会的成员担任。2009 年菲律宾颁布《菲律宾海岸警卫队法》，成立菲律宾海岸警卫队，为一个独立执法机构，是菲律宾政府的海巡武装力量，隶属运输暨通讯部，战时受国防部调遣。[②] 菲律宾海岸警卫队总指挥为警卫队的最高长官，两名副总指挥协助总指挥分别负责日常管理和业务行动工作。指挥部下设领导小组办公室，领导小组办公室共有 12 名行政长官，设主任一名。菲律宾海岸警卫队行动部门有菲律宾海岸警卫队行动组、海洋环境保护组、海岸警卫教育训练组、海军支援组、国家石油污染行动中心（海洋环保）。[③] 菲律宾海岸警卫队将全国划分为 12 个海巡区，设有 54 个海巡站、190 个海巡分队。

根据 2009 年《菲律宾海岸警卫队法》，菲律宾海岸警卫队的职责主要包括：海上安全管理、海难搜救、海洋环境保护、海域执法、海上交通管理。菲律宾"海岸警卫行动中心"设在马尼拉的菲律宾海岸警卫队总部，负责全国搜救行动的协调工作。在全国 54 个海巡

[①] 薛颖：《美丽与动荡：女记者眼中的菲律宾》，新华出版社，2004 年版，第 18 页。
[②] 雷小华、黄志勇：《菲律宾海洋管理制度研究及评析》，《东南亚研究》，2014 年第 1 期。
[③] Philippine Coast Guard, http://www.coastguard.gov.ph/.

站中都设有海上搜救组，这些小组每天24小时不间断地对本辖区进行监控。此外，每个海巡站有一个海岸增援小组，以确保需要增援时及时赶到。菲律宾水上事故频发，海岸警卫队因之应接不暇。2014年11月28日，菲律宾海岸警卫队就从一次撞船事故中救起了35名乘客。[①]菲律宾海岸警卫队监守着外国船只进入菲律宾港口的第一道大门。目前，菲律宾共有7个港口控制中心和15个港口控制部门。此外，菲律宾海岸警卫队还担负着国内船只管理工作，主要有船只安全检查、危险物品管制及海洋事故调查等工作。

菲律宾海洋执法以菲律宾海岸警卫队为中心，其他部门协调配合。菲律宾的国家警察海事处、菲律宾海关以及菲海军，均在海洋管理方面承担一定职责。菲律宾国家警察隶属内政暨地区管理部，国家警察下辖的海事处负责菲律宾海岸及内水的执法。尽管从分工看，菲律宾岸外的海洋执法由海岸警卫队负责，岸际及内水的执法由国家警察海事处负责，但因国家警察海事处预算有限，并未配备大型巡逻舰，致使河流、港湾、沿岸等水域，事实上仍由海洋防卫署（其武力即海岸警卫队）执行巡防、拘捕、驱离、扣押等工作，遭逮捕人员及扣押的船只、财物，再交由国家警察海事处收押、监管。菲律宾海关隶属财政部，下辖14个地区办公室，主要负责各港口进出口货物查验，打击走私及各种偷税、漏税等行为。菲律宾海军隶属国防部，为多功能海上武力，负责保卫国家海域及海岸。海军虽然不负责管辖和执掌国家海域与海岸的各项具体事务，但也不会完全置身事外，而是积极协助相关机构履行职责，如打击走私偷渡、海难救助与海洋环保等。在渔业执法中，《菲律宾渔业法》将渔业执法权授予相关执法单位，包括渔业和水产资源局、海军、海岸警卫队、国家警察、国家警察海上指挥部等部门，以及被渔业和水

[①] CGS Batangas Rescues 35 Passengers from a Boat Collision Incident in Calumpang River，http：//www.coastguard.gov.ph/.

产资源局委托为渔业协管员的地方政府部门执法人员（包括当地官员和政府雇员、镇级官员和渔民组织的成员）。①

菲律宾的海洋管理与执法体制也存在比较突出的问题，包括机构繁多、政出多门、管理混乱、效率低下，等等。目前，尽管菲律宾在海洋执法管理上已经明确以海岸警卫队为主，但是连同海岸警卫队在内，依然有 12 个政府部门直接或间接参与海洋执法。其中，负有直接责任的部门至少有 8 个。在海洋管理国家层面上，总计有 16 个部门涉及海岸资源管理。参与涉海规划的政府机构和部门至少有 20 个。② 在菲律宾海洋管理的决策及执法过程中，各相关部门势必都会考虑自身利益，从而导致纠葛不断，效率低下。另外，菲律宾在海洋执法力量与执法手段上，也存在装备极端落后、人员严重不足等问题。海岸警卫队仅配有 3500 人，配备舰艇 68 艘，百吨级以上仅 18 艘，且均为老旧的二手货，故障频出。2013 年 3 月，日本宣布向菲律宾海岸警卫队捐赠 10 艘新巡逻艇，每艘造价 1100 万美元。③ 菲律宾从海岸警卫队高官到菲国总统，都极为振奋，感觉好像注入了强大动力。根据有关报道，2016 年 2 月，日菲两国签署了一份军备供应与军事技术转移的协定，日本将把装备有先进通信器材的海上防卫训练机 TC90 租借给菲律宾海军，以协助菲军提升在南中国海的监控能力，并牵制中国在该海域的活动。菲海军目前使用的侦察机最远只能在半径 300 公里的范围内活动，日本借出的 TC90 飞机将使菲方的侦察范围扩大一倍。④ 日方也将趁借出 TC90 之机，调派一些自卫队人员到菲律宾协助进行海洋防卫培训。借力海洋强国，菲律宾的海洋监控与管理能力将逐步得以增强。

---

① 雷小华、黄志勇："菲律宾海洋管理制度研究及评析"，《东南亚研究》，2014 年第 1 期。
② 雷小华、黄志勇："菲律宾海洋管理制度研究及评析"，《东南亚研究》，2014 年第 1 期。
③ 《日菲为利益结盟 中国察觉到巨大威胁》，http://news.ifeng.com/mil/4/detail_ 2013_ 03/17/23189896_ 0.shtml。
④ 《日提供先进侦察机 助菲监控南中国海》，联合早报网，2016 年 3 月 1 日报道。

第五章　菲律宾的海洋战略目标、海洋法律主张及相关实践

第四节　菲律宾政府推行其海洋战略的主要措施

海洋战略重在实施。目前，菲律宾政府推行其海洋战略的主要措施有：

一、加快经济发展，加强海上力量建设，为海洋战略的实施奠定坚实基础

阿基诺三世上台后，高度重视海上力量建设，包括推进自身军事尤其是海空军现代化、发展海上非军事力量，为菲律宾海洋战略的实施奠定坚实的物质基础。

菲律宾政府已认识到，海洋战略之实施以海空军力量为基础，但菲律宾相关力量非常弱小。目前，菲海军有兵力2.4万人，编成1个作战舰队司令部、6个海区司令部和4个海军陆战旅。西部海区司令部设在巴拉望的普林塞萨市，主要负责包括南沙岛礁在内的西部海区的防务。[①] 根据英国全球火力网的数据，截至2015年4月，菲海军共有各型舰船120艘，包括护卫舰3艘、轻型护卫舰11艘、海岸巡逻艇38艘。[②] 菲律宾海军所谓的最先进舰艇，是分别于2011年8月与2012年5月从美国购来的两艘"汉密尔顿"级护卫舰（排水量3390吨）[③]，其实是美国海岸警卫队的退役巡逻舰，服役时间已超

[①] Philippine Navy, http://www.globalsecurity.org/military/world/philippines/navy.htm.
[②] Philippines Military Strength, http://www.globalfirepower.com/country-military-strength-detail.asp?country_id=philippines.
[③] 该舰尚未装配任何导弹，仅靠一门76毫米口径主炮，既打不远也打不狠。参见魏东旭：《台湾不惧对菲律宾开战》，http://news.ifeng.com/mil/taiwan/detail_2013_05/14/25284048_0.shtml.

过45年。菲律宾三军之中空军最弱,其约有1.7万人,编成3个空军师、9个飞行联队与7个勤务保障联队。截至2015年4月,菲律宾共有各型飞机208架,包括固定翼攻击机8架,教练机23架,运输机95架,以及直升机82架。① 这些机型大多是20世纪六七十年代的水平,基本不能对外作战,主要用以对付国内的游击队。菲空军的喷气战斗机F-5A因为老旧,2005年已全数退役。② 因此,菲律宾空军的落后状况,恰如菲国防部长加斯明2012年7月所讲,是"空军只有空没有军"。③ 对军事能力薄弱之状况,菲律宾领导人是心知肚明的。2014年9月18日,菲律宾总统阿基诺三世在法国国际关系研究中心的一个论坛会上说,"菲律宾的海军只有132艘船,但要保卫3.6万公里的海岸线。它们不是木质船,而是第二次世界大战的旧船。我们没有战斗机,没有轰炸机。我们正在再度获取能够驾驶战斗机的技能。"④ 2014年11月22日,在第五届香山论坛第四次全体会议上,菲律宾武装部队副总参谋长罗萨里奥也说:"菲律宾是一个第三世界国家,军队相对更弱,菲方没有强大的海军去巡逻自己的'领土'。"⑤

阿基诺三世一上台,就力图改变菲律宾海空军力量薄弱之状况。他在竞选总统之时,就承诺"要把军费开支占GDP的比例由1%提高到2%"。刚刚上任,他就拨出3.95亿美元之军费用于武装部队的现代化改造,而此前15年这方面的经费年均仅有5100万美元,阿

---

① *Philippines Military Strength*,http://www.globalfirepower.com/country-military-strength-detail.asp?country_id=philippines.
② 《台军对菲是牛刀杀鸡》,http://news.ifeng.com/mil/taiwan/detail_2013_05/14/25266341_0.shtml.
③ *DND Chief Says AFP Modernization in Full Swing*,http://www.philstar.com/Article.aspx?publicationSubCategoryId=63&articleId=824905.
④ 《总统:中国不会攻击菲国》,《菲律宾商报》,2014年9月20日。
⑤ 《菲少将在香山论坛称南海为"后院",罗援当场质问》,人民网,2014年11月23日报道。

基诺试图实现建立"最低限度、可信的防御能力"的目标。[①] 2012年7月6日，菲律宾国防部长加斯明宣布，总价达700亿比索（约16.6亿美元）的军备采购计划正在考虑当中。[②] 2012年11月10日，菲律宾与到访的加拿大总理哈珀签署一项合作协定，菲律宾将向加拿大购买价值达126亿美元的军事装备与技术。难怪哈珀在联合记者招待会上说："预期菲律宾将成为亚洲的一只老虎。"[③] 据英国简氏集团网站报道，菲律宾2013年国防预算为29亿美元，与2012年相比增加12.5%。国防预算包括了11.3亿美元用于国内安全防务，5000万美元用于边境防御，1.1亿美元用于舰艇、飞机及其武器装备的升级。[④] 2013年5月21日，在建军115周年纪念仪式上，菲律宾总统阿基诺三世宣布了拨款750亿比索的军队现代化计划，并将提高海军能力放在最优先的位置。他指出，到2017年菲律宾将拥有2艘新型护卫舰、2架能够参加反潜战的直升机、3艘用于海岸巡逻的快速舰艇，以及8辆两栖突击车辆等。[⑤] 2014年3月，菲律宾与韩国签署一份价值达189亿比索的政府合同，向韩国购买12架FA－50型先导教练机。该机可搭载4.5吨的空对空及空对地导弹，具夜战能力，被菲国视为入门战斗机。首批2架FA－50，2015年底可望交付菲律宾武装部队。[⑥] 目前，两机已入列，这是2005年菲律宾淘汰美制F－5战斗机以来，菲空军再度重回超音速时代。

[①] 陈庆鸿：《菲律宾军事现代化及其前景》，《国际资料信息》，2012年第8期。
[②] *DND Chief Says AFP Modernization in Full Swing*, http://www.philstar.com/Article.aspx?publicationSubCategoryId=63&articleId=824905.
[③] 《菲加关系加温》，菲律宾《世界日报》，2012年11月12日报道。
[④] 《中国周边各国军费增长情况披露 韩国增长最快》，http://mil.news.sina.com.cn/2013-03-06/1029717681.html.
[⑤] 《阿基诺宣布强军计划》，菲律宾《世界日报》，2013年5月22日报道。
[⑥] 《菲向南韩购FA－50战机明年交货》，《菲律宾商报》，2014年12月14日报道。

二、固守、经营和拓展所占南沙岛礁权益

菲律宾是亚洲最早提出将本国的海洋管辖权扩展至领海以外的国家之一。1949年6月18日，菲律宾颁布第387号共和国法令（《石油法令》），其中第3条规定：在领水和大陆架上的石油天然气资源属于菲律宾国家所有。菲律宾积极推动建立"群岛国制度"，1961年出台的"确定领海基线"法案（第3046号法令），规定"确定菲律宾领海的基线由连接群岛中最外部岛屿上适当的点的直线组成。"由领海基线，再向外主张领海、专属经济区和大陆架。1978年又发布第1599号总统令，宣布建立200海里专属经济区，中国南沙群岛大部分岛礁被纳入其所谓的专属经济区范围。1987年11月底，菲律宾议会讨论菲国的海域，通过法令将南沙群岛的大约60个岛礁划归其所有。依照这些法令，菲律宾于1970年、1971年、1978年和1980年先后4次采取行动，共占领中国南沙8个岛礁（马欢岛、南钥岛、中业岛、西月岛、北子岛、费信岛、双黄沙洲、司令礁）。1999年在美国轰炸中国驻南联盟大使馆当天，菲律宾又染指中国南沙仁爱礁，将一艘破旧的坦克登陆舰坐滩于仁爱礁的礁盘之上。

目前，菲律宾在所占岛礁上修建了多处军事设施，根据菲方多种报道提供的信息估算，菲在所占岛礁上驻军共约180人。[①] 1992年，菲律宾政府拨款740万美元修缮所占岛礁上的设施，在中业岛上修建有1300米跑道的机场。菲律宾把占领中国的岛礁统一划归

---

① 目前，越南、马来西亚、菲律宾等国在南沙岛礁上均有驻军。越南驻南沙守军总兵力约2200人，达到团级规模，主要装备是火炮、坦克、反坦克导弹和可机动上岛的武装直升机。越占南沙29个岛礁中，南威岛、鸿麻岛、南子岛等9个岛礁生存条件较好，越军部署兵力较多。尤其是南威岛和鸿麻岛两岛，构成越军在南海岛礁群防线的两个核心支撑点。目前，马来西亚在包括弹丸礁在内的5座岛礁上长期驻军，总驻军人数100多人。参见《盘点南海岛礁外军：越军最强将死守2岛 菲军最弱》，《环球时报》，2014年12月17日报道。该文对菲律宾在南沙岛礁驻军人数（40—60人）的分析不准确，所用数据偏老。笔者根据菲律宾《世界日报》，2013年1月30日报道《菲去年11月增加在南沙岛屿之驻军》等信息，推算菲律宾在南沙驻军共约180人。

"卡拉延群岛",鼓励向这些岛屿移民,并在上面修建民房、灯塔和雷达站。与此同时,菲律宾当局对中国渔民在南沙群岛海域捕鱼进行骚扰,多次派出巡逻艇冲撞中国渔船,抓捕中国渔民。2013年5月9日,中国台湾地区一艘渔船在台湾屏东县东南约170海里的中菲重叠经济区作业时,遭到菲律宾(海岸警卫队)公务船的机枪扫射与长距追击,结果造成一名台籍船员死亡。[1] 菲律宾方面不断加强对南中国海的控制与经营,军事冒险性明显增强。

菲律宾所占据的岛礁中,中业岛无疑最具价值。该岛面积0.37平方公里,是南沙第二大岛,菲律宾1971年侵占,从2001年开始向岛上移民共约300多人,其中大多为渔民,还有40名军人(2012年前菲在所占岛礁上共驻军约60人)。每个月菲律宾海军向这里运送补给。中业岛上建有所谓的"卡拉延市"办公楼以及33栋房屋,设有一个军事据点,部署了两台40毫米口径高射炮。[2] 中业岛有白色沙滩,树木茂盛,风景优美。近年,菲律宾对岛上机场进行扩建,并增建旅游设施,[3] 意欲将其发展成旅游胜地。2015年5月11日,中业岛(菲称"希望岛")上的官员比道奥伦接受采访时,透露正策划南中国海"和平旅游"方案,希望能在2016年正式上路。他说,过去就一直提倡巴拉望到"自由群岛"(菲称所控南沙群岛为"自由群岛")的"和平旅游",但由于地方经费不足,只能以"后院模式"进行。政府将会购买25公尺长渡船,载游客绕行自由群岛的各岛屿,此外也会兴建纪念品贩卖中心以及旅馆。从巴拉望省乘船到"希望岛"(中国的中业岛),约需费时26小时。由于设备尚未齐全,届时自由群岛旅游必须事先订位,以20人、30人为单位,分批前往。[4]

---

[1] 《台湾渔船遭菲律宾公务船扫射1人死亡》,http://news.ifeng.com/taiwan/special/taiwan-yuchuan/content-3/detail_2013_05/10/25128467_0.shtml。

[2] 《菲律宾军方总参谋长率记者登南沙中业岛》,中国新闻网,2015年5月11日报道。

[3] 《反对个别东盟国家非法侵占中国南沙岛礁并大兴土木》,中国新闻网,2015年4月29日报道。

[4] 《参谋总长访希望岛宣示主权》,《菲律宾商报》,2015年5月12日报道。

菲律宾在西月岛、北子岛上只简单搭建了一些建筑物。费信岛和草沙岛非常小，菲军在马欢岛和南钥岛上各建立了一个10米高的瞭望塔，瞭望塔上的士兵用肉眼就可以观察费信岛和草沙岛上的风吹草动，而不必在费信岛和草沙岛上长期驻扎部队。[①] 菲军舰每个月去这些岛礁一趟，运送给养，轮换士兵。菲律宾打算在未来几十年里向西月岛、马欢岛、南钥岛和北子岛上移民。由于这些岛礁面积偏小，菲律宾在移民前还打算在上面进行填海造地的工程。

菲律宾试图增加在所占南沙岛礁上的驻军，菲律宾军方把南沙部分岛礁及黄岩岛纳入其西部军区所谓的"防区"之内。菲律宾西部军区司令萨班2012年9月30日透露，菲军方已向菲国西南部的巴拉望省增派两个营的海军陆战队加强对菲律宾所占南沙岛礁的巡逻，并呼吁扩充岛礁上的"居民"人数。萨班当天接受媒体采访时透露，菲律宾军方增派的第三海军陆战旅两个营大约800人近日已抵达巴拉望，使驻守当地的海军陆战队扩充至旅级规模，菲军方为此组建了负责菲律宾所占南沙岛礁（所谓"卡拉延群岛"）"防务"的新指挥部。据称，这些海军陆战队不会进驻菲律宾所占南沙岛礁，但会在附近巡逻。2012年11月，菲律宾又将至少126名士兵部署到他们所占的南沙岛礁上，使士兵数量比原来增加了2.5倍，目的是"增加其在有争议的南海之军事存在"。[②]

三、借助主要大国（或结盟或深化合作），制约主要海权竞争对手，从而巩固与拓展其海洋权益

鉴于自身经济落后与海空军力量薄弱，菲政府借助与美国结盟以及深化同日本（中日有钓鱼岛与东海划界的海洋权益之争）的防

[①]《盘点南海岛礁外军：越军最强将死守2岛 菲军最弱》，《环球时报》2014年12月17日报道。

[②]《菲去年11月增加在南沙岛屿之驻军》，菲律宾《世界日报》，2013年1月30日报道。

务合作，来扩张自我的海洋权益并提高近海防御能力。

从菲美《部队访问协定》到《后勤互助协议》，再到"（菲作为）主要非北约盟友"的称号，菲美关系自1992年美军撤出菲律宾之后的冷淡期又重新上升到较为密切的合作高度。美国与菲律宾举行"肩并肩"（Balikatan）年度例行军演，不断拓展演习科目。演习内容逐渐由陆上防爆训练转向海上情报分享、协同作战乃至抢滩登陆训练，演习地点也越来越靠近南海争议海域，并把中国作为假想目标。① 2013年4月菲律宾与美国展开"肩并肩"年度联合军演，规模比往昔更大。演习虽以"救灾和人道援助"为名，但包括应对周边国家威胁等进攻性科目。美方出动了包括12架F/A-18"大黄蜂"战机和8架"鱼鹰"MV-22B在内的30多架飞机以及包括两栖登陆舰、导弹护卫舰在内的3艘海军舰艇。② 2015年4月20日，菲美在靠近中菲争议地区，举行为期10天且是15年来规模最大的"肩并肩"军演，参与的军人达1.2万人，比2014年多一倍。其中，美军人员超过6600名，菲方超过5000人，澳大利亚也派70名军人参加。三国共出动92架军机和4艘舰艇。军演场地包括菲律宾巴拉望岛、吕宋岛和班乃岛。值得注意的是，其中一个演习地点三描礼士海军基地距离中国黄岩岛（菲称"斯卡伯勒滩"，Scarborough Shoal）仅220公里。③ 除"肩并肩"外，美菲之间还举行其他多种军演。2013年9月18日，菲律宾与美国就在有争议的南中国海水域，举行持续三周的军演，显示两国迅速扩大的军事关系，双方共派2300名陆战队员参加，出动2艘美战舰，军演包括实弹射击、参谋计划演练等。2015年6月22日，美国与菲律宾在巴拉望岛东部的

---

① US, Philippine troops start "Exercise Balikatan" amid China tensions, http://www.manilatimes.net/index.php/news/breaking-news/44799.

② US, Philippine troops start "Exercise Balikatan" amid China tensions, http://www.manilatimes.net/index.php/news/breaking-news/44799.

③ 《靠近中菲争议地区 菲美举行15年来最大规模军演引关注》，联合早报网，2015年4月21日报道。

苏禄海，举行为期 4 天的"卡拉特"（Cooperation Afloat Readiness and Training，简称 CARAT）常年联合军演。两国分别派出 300 人，演习内容包括对海对潜联合作战、两栖登陆、救援打捞、海上巡逻和侦察飞行等。① 2016 年 4 月 4 日，菲律宾与美国开始在南中国海再度举行大规模常年联合军演（代号"肩并肩"），受瞩目的演习项目包括模拟重夺失岛及油井。美国重申协防菲国的承诺，澳大利亚派军参与，日本则首次派出观察员。参与的美军有 5000 人，菲军有 4000 人，澳军派出 80 名军人。美方共出动 50 多架军机和 5 艘军舰，菲方出动刚从韩国购得的两架 FA-50 战机。这是菲空军自 2005 年 F-5 战机退役后，首次拥有战斗机。② 可以说，美菲常年军演的规模不断扩大，演习地点愈发靠近敏感地区，内容愈加具有挑衅意味。

　　进入 21 世纪以来，美国加快了"重返亚太"的进程与力度。2000 年 4 月，新加坡与美国达成允许美国海军使用新加坡樟宜军事基地的协议。2001 年 3 月，樟宜海军基地第一期工程完工，美国海军"小鹰"号航空母舰在第 7 舰队众多主力舰簇拥下进泊樟宜港，标志着美军自 1992 年撤出菲律宾以来，开始大举"重返"东南亚。2002 年 11 月，美菲双方签署《后勤互助协议》，允许美军在菲律宾南部棉兰老岛建立储存中心存放弹药、食物、水和燃料等后勤物资。这实际上是美国在棉兰老岛创建的一种新型的美军基地，是一种低调，但却具有实际意义和作战意义的新型海外驻军模式。③ 2009 年 7 月 22 日，美国国务卿希拉里参加在泰国普吉岛举行的东盟地区论坛部长会议，代表美国政府签署了《东南亚友好合作条约》。其后，她在泰国首都曼谷高调宣布："我想发出一个非常明显的信息'美国正在重返东南亚'，我们正在完全致力于在东南亚的伙伴关系。"2011

---

① 《菲美菲日同时军演》，联合早报网，2015 年 6 月 23 日报道。
② 《美菲军演包括重夺失岛 中国官媒警告内容挑衅》，联合早报网，2016 年 4 月 5 日报道。
③ 高子川、林松：《蓝色警示——21 世纪上半叶的海洋争夺》，海潮出版社，2013 年版，第 150—151 页。

年11月,美国总统奥巴马宣布,在靠近南中国海的澳大利亚北部增设达尔文港为美国海军陆战队基地。2012年1月,首批250名美国海军陆战队士兵进驻达尔文,至2016年美国兵力将达到2500人,美军对南中国海的影响力将得到进一步增强。2012年4月,中国与菲律宾发生黄岩岛对峙事件后,美国多次表示会履行"美菲共同防御条约"的义务,双方还首次举行了由外交部长和国防部长参加的"2+2"会谈,美方立场明显偏袒菲律宾,并对中国进行间接施压。

2014年4月,菲美经过八轮谈判,最终签订了《加强防御合作框架协定》(Enhanced Defense Cooperation Agreement,EDCA,为期10年),菲美最终就扩大美国在菲军事存在协议草案的诸多关键性问题达成共识(让更多美军在菲律宾驻扎,以及建立共同基地及派驻战斗机)。EDCA的签订不仅给菲律宾带来更多的军事援助,还将加强美军在菲律宾的军事存在。2014年9月,菲律宾总统阿基诺三世接受美联社专访时说,美菲加强合作是建基于双方当前的需要,不过他迫于国内民众的压力,又强调美军不会长期留在菲律宾。他说:"底线是美军不可永久驻扎菲律宾,协议要求增加美军轮驻数目,在数字上是弹性的,视乎美国及我们的需要。"[1] 2015年4月24日,菲律宾三军参谋长卡塔潘对电视记者说,应美国要求,菲律宾当局已圈选至少8个菲律宾军事基地,作为可能让美国军队、战斗机和战舰到菲律宾参加军演时停驻的地点。据悉,其中4个军事基地位于美菲军队常举行联合军演的菲律宾最大岛——吕宋岛。另2个基地位于中部的宿雾岛,最后2个基地则位于靠近备受争议的南沙群岛的西部岛屿巴拉望。[2] 据菲律宾媒体分析,美菲两国正在南海建立起一条防线,以"防范中国打穿第一岛链,威胁到美国在关岛的军事布署"。美军将使用菲律宾上述8个基地,其中2个基地可使

---

[1] 《总统:南海争议牵及全球利益》,《菲律宾商报》,2014年9月25日报道。
[2] 《美要求使用菲八个军事基地》,联合早报网,2015年4月26日报道。

美军迅速抵达中菲相争不下的南沙群岛，其他的基地则可使美国监视并限制中国的行动。①2016年3月18日，菲律宾与美国签署协议，向美军开放菲律宾国内5个军事基地，包括靠近备受争议的南中国海岛礁的包蒂斯卡（Antonio Bautista）空军基地、菲律宾首都马尼拉南部的巴塞（Basa）空军基地、马尼拉北部的麦格塞塞堡（Fort Magsaysay）、棉兰老岛的伦比亚（Lumbia）空军基地和菲中部宿务的艾布恩（Mactan-Benito Ebuen）空军基地。该协议允许美国在菲律宾以轮流的方式修建军事设施、驻扎军舰、飞机和部队，以及执行人道主义援助和海上安全行动。②这被视为美国"亚太再平衡"计划的一部分，菲方则认为，此举将能够加强菲律宾的防御能力和海事安全。

在美国的帮助下，菲律宾提高海上执法能力，2015年10月，美国国务院助理国务卿布朗菲尔德表示，美国将加快对东南亚各国海上执法单位的援助，要提供1亿多美元给菲律宾、越南、马来西亚和印度尼西亚，为其海岸卫队等购买配备与船只，以提升其海上通讯与侦察能力。③2016年，菲律宾从美国获得"常年军事援助"7900万美元，另外还获得美国政府在"东南亚海事计划"下拨给的4200万美元，两项军事援款超过1.2亿美元（约1.62亿新元）④，是菲律宾15年来获得最多的一年，将有助于加强菲律宾的海上巡逻与防卫能力。另外，菲律宾还邀请美国在南中国海进行联合巡逻。2016年3月，美菲第一次在南中国海执行联合巡逻；第二次是在4月初，未来这类巡逻将"定期"举行。⑤

---

① 《菲美拟建立南海新防线》，《菲律宾商报》，2015年6月1日报道。
② 《菲对美军开放五基地》，联合早报网，2016年3月21日报道。
③ 《提供一亿多美元：美援助东南亚提升海上执法能力》，联合早报网，2015年10月10日报道。
④ 《南中国海局势不断升温 美对菲军援1.6亿元创新高》，联合早报网，2016年4月9日报道。
⑤ 《美菲已在南中国海展开联合巡逻》，联合早报网，2016年4月15日报道。

菲律宾还加强与日本的安全合作，建立两国的战略伙伴关系。日本也借机对南中国海周边国家与地区进行渗透。21世纪以来，日本通过加入《东南亚合作条约》，进一步密切了与东盟国家的合作关系；以"反海盗"为名，积极加入马六甲及南中国海周边国家的军事演习。2015年5月6日，日本派出了一艘武装的海岸警卫队船舰同菲律宾在马尼拉湾岸外，举行反海盗联合演习。演习模拟一艘货船遭海盗骑劫，日本反恐小组乘坐橡皮艇靠近并登上货船。日本海岸卫队指挥官光一川越说，日本一直在协助菲律宾提升海上执法、安全与环境保护能力。"演习是为了共同利益，以对付海盗，以及走私人口、毒品和军火问题。"他还补充说，日本随时准备为东南亚国家提供帮助，即使是在南中国海也不例外。"只要跟海盗有关，我们将予以合作。"菲律宾海岸警卫队指挥官阿布则表示，菲律宾打算2015年内同日本举行三次演习。① 2015年6月22日，日本海上自卫队派遣一架P-3C"猎户座"（Orion）反潜巡逻机到巴拉望岛，与菲律宾军队展开为期5天的联合演习。6月23日清晨6时许，14名日本海上自卫队员与3名菲军方人员乘坐P-3C巡逻机，从巴拉望岛普林塞萨港（Puerto Princesa）起飞，在有争议的南中国海海域上空1524米飞行，菲军方有1架小型巡逻机随行。菲海军陆战队军官鲁马旺上校说："我们演习搜寻与拯救，这是人道援助与救灾的重要行动。"日本海军自卫队指挥官滨野则说："这是我们首次来到这里。"这是菲日2015年度的第二次联合军演。演习的主要目的是掌握相关空域情况，包括发挥P-3C情报收集能力，搜索遇难船只，然后向菲律宾船机通报，展开救助。日本《产经新闻》报道称，在南中国海局势日益紧张的局势下，此次演习成为了日菲在南中国海增强存在感，并同时对外彰显与菲律宾合作姿态的机会。② 2016年4

---

① 《菲日举行反海盗联合演习》，联合早报网，2015年5月7日报道。
② 《与菲在具争议南中国海联合军演 日军机首次靠近南沙海域》，联合早报网，2015年6月24日报道。

月3日，在美菲即将举行"肩并肩"年度军演之际，两艘日本海上自卫队护卫舰"有明"号（JS Ariake）和"濑户雾"号（JS Setogiri）和一艘潜水艇"亲潮"号（Oyashio）开入菲律宾苏比克湾进行3天的所谓"亲善"访问。这是15年来日本再有潜水艇航行到菲律宾。菲海军发言人林库纳说："这不仅是促进区域和平稳定的访问，还有助于提升两国的海洋合作关系。"①

2012年中菲黄岩岛对峙事件发生后，日本适时密切了与菲律宾的海上安全与军事合作关系。2013年3月，东京宣布向菲律宾海岸警卫队捐赠10艘新巡逻艇，每艘造价1100万美元，将双边关系推向了前所未有的高度。② 2015年5月6日，菲海岸警卫队发言人巴利洛说，10艘巡逻艇中的第一艘将在2015年较迟时候交付。菲律宾也将接收5艘法国船舰和2架直升机以加强执法能力。③ 虽然这些舰艇不能改变南海的力量平衡，但能够进一步唤起菲律宾的海洋领土意识。2016年2月，日本更进一步表示向菲律宾提供军事装备，其中可能包括反潜侦察机和雷达技术。④

目前，菲律宾与日本在安全问题上已结成利害关系，如菲律宾海岸警卫队可以协助日本监视中国在南海的海上活动，而对于日本来说南海是决定中国将如何解决钓鱼岛争议的试金石。⑤ 正是这种所谓的"共同的利害关系"，促使日菲强化两国在国防领域的"战略伙伴关系"。2013年6月27日，到访菲律宾的日本防卫大臣小野寺五典与菲国防部长加斯明讨论了加强国防合作等问题，菲方建议日本共同使用重建的苏比克基地。会谈过后，加斯明在一个记者会上说："如果将来达成一个（基地）使用协议，那么美国的设备将进

---

① 《相隔15年 日潜艇再抵菲参与军演》，联合早报网，2016年4月4日报道。
② 《日菲为利益结盟 中国察觉到巨大威胁》，凤凰网，2013年3月17日报道。
③ 《菲日举行反海盗联合演习》，联合早报网，2015年5月7日报道。
④ 《相隔15年 日潜艇再抵菲参与军演》，联合早报网，2016年4月4日报道。
⑤ Julius Cesar, *Japan-Philippine Relations: New Dynamics in Strategic Partnership*, RSIS Commentaries, No. 037/2013, dated 28 February 2013.

入（菲律宾）。""现在就日本而言，我们欢迎其他国家，特别是日本，因为日本是一个战略伙伴，根据我们现有的协议行事。"① 会后小野寺五典也向菲律宾媒体表示，"会谈期间，我和加斯明部长谈及南海局势并分享有关信息。这里的局势和日本在东海面临的情况类似，对日本而言，我们非常关心南海局势是否会影响到东海局势。"他宣称，菲日双方"同意进一步加强边远岛屿的防卫合作，以及领土、领海和海事权利的保护"。2013年7月27日，日本首相安倍到访菲律宾与菲总统举行会谈，双方同意进一步加强海上合作，并称海上合作为"双方战略伙伴关系的重要支柱"。② 2015年6月2日，菲律宾总统阿基诺对日本进行为期4天的访问，6月5日会谈结束后接受记者提问时表示，菲律宾准备与日本启动相关谈判，将允许日本自卫队的飞机和舰船到菲律宾的基地加油和补给，以便扩大在南中国海的巡逻范围。菲日双方就强化安全保障对话、签售防卫装备，以及技术转移协定启动谈判达成共识。另外，加强菲日两国经济领域的合作，包括总额约3000亿日元的铁路项目在内，日本将在完善马尼拉首都圈的交通基础设施方面为菲律宾提供资金和技术支持。③

四、推动南海周边"小国抱团"，共同对付中国

随着美国加强亚太军事部署，以及本区域军事竞赛加剧，南海局势日趋严峻，东盟小国抱团针对中国的态势也愈加明显。菲律宾与东盟其他南海声索国搁置分歧，加强在南海问题上针对中国的合作。在2012年12月21日的记者会上，菲律宾外长德尔罗萨里奥就

---

① 《防长证实苏比克基地计划》，菲律宾《世界日报》，2013年6月28日报道。
② 李金明：《中菲南海争议不断升温的成因分析》，载王勤主编：《东南亚地区发展报告（2013—2014）》，社会科学文献出版社，2014年版，第103页。
③ 《菲或允许日自卫队飞机舰船使用基地》，联合早报网，2015年6月6日报道。

指出，菲律宾准备召开包括文莱、马来西亚、菲律宾与越南的"四方会谈"，商讨解决南中国海主权问题。① 菲律宾还与东盟邻国建立近海防御联盟，定期举行舰艇互访、海上军事演习和军事交流等活动。例如：菲律宾与马来西亚每年举行一次"菲马劳特"海上演习，与印度尼西亚进行海上联合巡逻等活动。2016 年 4 月 14 日，菲律宾和越南两国的副防长在马尼拉举行会谈，探讨了两国举行联合军演和海上巡逻的可能性。2014 年，越南两艘护卫舰曾在马尼拉港口停靠。自 2014 年以来，两国部队还曾两次在其占领的南海岛屿上进行体育活动。② 可以说，菲律宾在逐步建立"自立"的国防力量的同时，正积极调整与邻国的关系，力图形成在大国均势下的东南亚"共同防御"的新格局，努力增强"民族抗御力"和"区域抗御力"。

目前，东盟部分国家在南海问题上针对中国而抱团的趋势已很明显。2013 年 4 月 25 日，新加坡总理李显龙会见媒体时就说："所有 10 个亚细安（即东盟）成员国都应该共同与中国讨论制定（南海）行为准则。亚细安方面已经随时准备启动，我们在等中国。中国一准备好，我们就可开始，而我们鼓励中国尽早开始谈判。有了行为准则，至少我们能避免一些擦枪走火的情况。"③ 2015 年 4 月 28 日，第 26 届东盟峰会甚至发表主席声明说，南中国海"有关填海造地活动有损互信与信心，④ 并可能逐渐破坏南中国海的和平、安全与

---

① 《菲要召集四国商讨南中国海主权》，联合早报网，2012 年 11 月 12 日报道。
② 《菲越或举行联合军演和海上巡逻》，联合早报网，2016 年 4 月 14 日报道。
③ 《亚细安经济整合措施落实八成》，联合早报网，2013 年 4 月 26 日报道。
④ 菲律宾指责中国在南沙填海造地，其实菲律宾与越南的相关活动更为嚣张、更为严重。2015 年 4 月 29 日，中国外交部发言人洪磊在例行记者会上就表示，中方对菲律宾、越南等个别东盟国家在其非法侵占的中国南沙岛礁上大兴土木的非法活动表示严重关切和坚决反对。他指出，菲律宾在中国南沙中业岛修建机场并进行扩建，并在该岛建设码头等设施。菲律宾还在中业岛、马欢岛和费信岛等岛礁建设所谓旅游设施。越南在中国南沙 20 多个岛礁实施大规模填海造地，并同步建设了港口、跑道、导弹阵地、办公楼、营房、宾馆、灯塔等大批固定设施。越南还在万安滩、西卫滩、李准滩、奥南暗沙等建设多座高脚屋和直升机平台等设施。参见中国新闻网 2015 年 4 月 29 日报道：《中方：反对个别东盟国家非法侵占中国南沙岛礁并大兴土木》。

稳定"。2015年4月28日，中国外交部发言人洪磊在例行记者会上明确表示："中国对东盟峰会对南中国海问题所做表态表示严重关切，强调南中国海问题不是中国和东盟之间的事情。"他说，中国在"有关问题上保持了极大的克制"，并重申中国一直致力于同有关当事国通过谈判协商来解决有关争议。[①] 菲律宾总统阿基诺对东盟峰会声明则有点欣喜若狂，他声称：东盟领袖在讨论南中国海争端方面取得了"实质性的进展"，越来越多的国家更加直言该问题，菲律宾和越南不再是关注中国在争端水域之行为的"二人合唱团"。[②]

五、促使南海争端国际化

作为一个小国，菲律宾自知在南海争端中难以与中国抗衡，因而竭力引入外部势力以自重，从而使中菲南海争端国际化与复杂化。包括：在南海能源开发上招引国外大公司参与，如菲律宾政府2012年7月11日宣布，将开放巴拉望岛西北外海三个区域的国际油气勘探竞标；[③] 在争端解决途径上争取通过东盟、国际法院、联合国安理会等多边途径来解，并将南海争端提交东盟主导的各类国际会议。

2014年9月下旬，菲律宾总统阿基诺三世在美国访问时，就说"南海争议牵及全球利益"。在南海问题上，阿基诺既想借助美国的力量，又不让美国在菲律宾永久驻军。据《菲律宾商报》报道，在南海问题上，阿基诺总统认为，菲律宾一定要保护自己的利益，不能指望别人。不过，他却一如既往地想把其他国家也牵扯进来。阿基诺说："这不单是我们的关注，我们相信除了当事国，还会影响每

[①]《亚细安对南中国海问题表态 中国表示"严重关切"》，联合早报网，2015年4月29日报道。
[②]《总统：东盟南海争端讨论获实质进展》，《菲律宾商报》，2015年4月29日报道。
[③]《菲律宾将开放南中国海油气勘探竞标》，联合早报网，2012年7月12日报道。

一个在南海航行的人,全球四成贸易都要经过这一水域。"① 菲律宾总统阿基诺还到欧洲国家游说,希望它们关注南中国海问题。2015年4月,在德国举行的西方七国集团(G7)外长会议首次发布了关于南中国海问题的宣言。2016年4月10日与11日,七国集团(G7)在日本再度举行外长会议,发表《广岛宣言》,关切东海及南中国海问题。该宣言以裁减核武为主题,表示"强烈反对任何可能改变现状,导致紧张关系升温的单方面恐吓、胁迫或挑衅行为","并促请各国遵守国际海事法,遵守法院和仲裁庭做出的任何裁决"。中国外交部发言人陆慷则表示,G7不应"炒作涉海问题,挑起地区矛盾",并对G7提出海洋问题的做法"表示强烈不满"。② 澳大利亚也到南中国海凑热闹,2016年4月初,首次参与美国与菲律宾在南中国海的联合军事演习。澳大利亚在2016年的国防白皮书中,再次把东南亚海域定性为澳大利亚的"国防战略利益"。

六、大打法律牌,同海洋权益纠纷国在国际法(尤其是《联合国海洋法公约》)层面进行斗争

无论是菲律宾的三个历史性条约确定的岛屿范围,还是菲宪法描述的领土组成,以及1961年和1968年关于领海基线的法案,菲律宾的领土,即陆地领土、内水和领海的范围,都不包括黄岩岛和所谓的"卡拉延群岛"(南沙群岛大部分岛礁),黄岩岛和"卡拉延群岛"根本不是菲律宾领土的组成部分。③

2009年2月17日,菲律宾国会正式通过"领海基线法案",将

---

① 《总统:南海争议牵及全球利益》,《菲律宾商报》,2014年9月25日报道。
② 《中国召见G7国家使节 表明对东海及南中国立场》,联合早报网,2016年4月14日报道。
③ 贾宇:《从国际法看菲律宾的领海制度》,《中国海洋报》,2009年4月14日。

中国的黄岩岛和南沙群岛部分岛礁划为菲律宾领土。① 中国外交部副部长王光亚2月18日下午紧急召见菲律宾驻华临时代办巴伯,就菲律宾国会通过"领海基线法案"提出严正抗议。中国外交部再次重申:任何其他国家对黄岩岛和南沙群岛的岛屿提出领土主权要求,都是非法的、无效的。2009年3月10日,菲律宾总统阿罗约不顾中国反对,正式签署《领海基线法》。

2013年1月22日,菲律宾将与中国之间的南海管辖权争议提交给了按照《联合国海洋法公约》附件七设立的国际仲裁法庭,要求进行强制仲裁。

菲律宾要求仲裁法庭澄清当事国依据《联合国海洋法公约》在南海的权利和义务,中国基于"九段线"所做的海洋权利主张违反《联合国海洋法公约》,是无效的。它同时要求仲裁法庭明确宣布中国"非法"占领的华阳礁等属于"水下特征",是菲律宾大陆架组成部分,宣布美济礁和永暑礁等岛礁分别属于"低潮高地""岩礁"等,不应具有200海里权利。另外,菲律宾还要求仲裁法庭作出裁决,中国应停止其非法占领和活动,并停止阻挠菲律宾行使《联合国海洋法公约》赋予其在专属经济区和大陆架的权利。

---

① 对领海基线的确定,菲律宾参众两院曾有巨大争议。2009年1月28日,菲律宾参议院通过2699号法案,即"菲律宾群岛领海基线议案",将南沙群岛中的部分岛屿和黄岩岛划为菲律宾领土;仅仅几天后,2月3日,菲律宾众议院通过3216号法案,即"菲律宾群岛领海基线确定案",将上述两处岛屿划入菲律宾领海基线,引起国际舆论一片哗然。根据《联合国海洋法公约》规定,领海基线内的海域为"内水",受主权国内法管辖;而仅仅声明岛屿为本国领土,则岛屿和本土间的海域除规定的领海范围外仍为公海,其他国家仍可自由通行、作业。照此,菲律宾参众两院的两种划法概念大相径庭:前一种划法,几处岛屿和菲律宾群岛间大部分海域仍是公海;而后一种划法则等于把两者之间的广阔海域都划进了菲律宾版图。有专家表示,菲律宾不论国力、财力还是海空军实力都和中国相差甚远,如果直接把争议岛礁的基线划走,等于宣布要剥夺中国和其他国家在小半个南海海域的自由行动权,引起强烈反弹几无悬念,双边关系势必受到严重影响。不仅如此,由于基线划到两处岛屿,小半个南海成了"内水",而孱弱的菲律宾海空军根本无力对之实行有效控制,届时其它国家海军甚至渔船只消在这些被其理解为公海的海域做一些"例行作业",便足以令菲律宾朝野陷入尴尬。从2月17日菲国会通过的"领海基线法案"的内容看,最终采用了参议院的2699号法案,摒弃了将让菲律宾陷入更大麻烦的3216号法案。参见:《菲律宾欲"抢走"小半个南海》,http://news.sina.com.cn/w/2009-02-20/043015190454s.shtml。

同日，菲律宾政府照会中国驻马尼拉大使，菲政府将单方面就南海主权争端提请国际仲裁。中国政府明确拒绝了菲律宾的仲裁诉讼要求，并退回其外交照会和所附通知。中国外交部发言人4月26日在强调"不接受"（菲方的仲裁诉讼要求）的同时作出回击，要求菲律宾从中国岛礁上撤走一切人员和设施，并同时公布了菲方非法侵占的8个岛礁的名称。这是中国政府首次如此清晰地提出这一要求，是中国南海维权的"一大进步"。但在菲律宾舆论场，迅速有人给中国贴上"恐吓者"的标签。"我们将继续对我们的领土行使主权"，2013年4月27日，菲律宾总统府用这番话拒绝了中国提出的郑重要求——撤出在南海非法占领的8个中国岛礁。[1]

菲律宾还不断为所谓的通过和平与法律途径解决南中国海争端造势。2014年9月，菲律宾总统阿基诺三世对欧洲进行了为期8天的访问，分别对多个国家进行游说。他在柏林就说："40%的全球贸易都必须经过南中国海，如果演变到一个国家确认谁可以或不可以，什么时候可以或不可以经过该区域及制定各种规则的情况时，这将破坏现正在复苏的全球经济。""侵犯国际法的行为必须立即停止"，他还补充说，"侵犯国际法不仅给声索国而且给整个国际社会带来危险，因为南中国海航行自由和不受阻碍的合法商业活动受到威胁。"[2] 事实是，菲律宾在夸大其词和有意混淆国际视听。中国一向主张南海航行自由，南海航行自由事实上没有受到任何妨碍。

---

[1] 《菲律宾拒绝撤出所占南沙岛礁 菲媒称中国恐吓》，《环球时报》，2013年4月28日报道。
[2] Joel M. Syegco. *Aquino's Plea to China: Share Prosperity in Stability*, http://www.manilatimes.net/share-prosperity-stability/128448.

第六章　菲律宾海洋战略的困境

菲律宾虽然在南海争端上动作频频，但其海洋战略也面临一些难以克服的矛盾或者说是困境，恰如中国古代著名军事家孙子所言："备前则后寡，备后则前寡，备左则右寡，备右则左寡，无所不备，则无所不寡。"[1] 概括来讲，菲律宾的海洋战略实施面临"五大困境"。

第一节　战略设想与战略能力的矛盾

长期以来，军事建设资金尤其是海空军建设资金严重不足，阻碍了菲律宾海洋战略的实施。2005—2007 年间，菲律宾国防支出占 GDP 的 0.9%，排在新加坡（4.5%）、印尼（3%）、马来西亚（2%）和泰国（1.8%）之后。2009 年，菲国防开支占 GDP 的比例甚至降到了 0.8%，还不到 2009 年东南亚地区国防支出平均水平 1.9% 的一半。[2] 早在阿基诺三世竞选总统之时，他就承诺"要把军费开支占 GDP 的比例由 1% 提高到 2%"。然而，军费开支及海洋战

---

[1] 《孙子·虚实篇第六》。
[2] Zachary Abuza, *The Philippines: Internal and External Security Challenges*, Special Report of ASPI, Feb. 2012.

略实施受制于经济发展。阿基诺三世上台以来，由于公共支出不足、出口下降和外资减少等原因，菲律宾经济增长不太稳定。菲律宾经济从2010年的增长7.4%下滑到2011年的3.7%，2012年经济增长有所回升达到6.6%。2013年，菲律宾实现国民生产总值（GDP）115482亿比索，约合2720亿美元，与2012年相比增长7.2%。其中，农林渔牧业产值12968亿比索，占11.2%；工业产值35938亿比索，占31.1%；服务业产值66576亿比索，占57.7%。此外，作为重要劳务输出国，2013年菲律宾共获得净汇款23027亿比索，约合542亿美元，占国民收入（GNI）的16.6%。[1] 但受制于国内外多种因素，菲律宾经济增长仍不稳定。由于政府支出低于预期和更高的通货膨胀率，亚洲开发银行下调了菲律宾2014年和2015年的经济增长预测。[2] 菲律宾2015年第一季度国民生产总值增长5.2%，低于2014年第一季度的5.6%。[3]

菲律宾还是个自然灾害相当频繁的国家，2013年经历了史上最强的台风，超级台风"尤兰达"肆虐了米沙鄢地区，造成重大破坏。菲律宾基础设施非常落后，亟待改进。截至2012年，菲律宾全国公路总里程已突破20万公里，然而其中可全天候通行的道路不足一半，高速公路仅200多公里。铁路主要集中在吕宋岛，总长1200公里，但只有三分之一可投入运营，其余均需改造升级。菲律宾全国有203个机场，多数设施老旧，很多省会机场还在使用土石跑道。该国共有414个主要港口，大多数需要扩建升级，以容纳大吨位船舶和更多货物。[4] 菲律宾经济发展还面临资金和技术不足的制约。2014年9月23日，菲律宾总统阿基诺三世发表演讲时说："我们从

---

[1] 菲律宾国家统计协调委员会，国民经济数据，http://www.nscb.gov.ph/sna/default.asp。
[2] 《亚行下调菲经济增长预测》，《菲律宾商报》，2014年9月26日报道。
[3] 菲律宾国家统计协调委员会，国民经济数据，www.nscb.gov.ph/sna/2015/1st2015/2015qpr1.asp。
[4] 蒋工颖、曹正仁：《2014年度菲律宾投资风险报告》，共识网，2014年12月17日。

来不缺决心……我们缺乏的是获得技术、资金投入，那将使我们加速我们的战略。"[1] 菲律宾国家统计局2013年1月公布的调查结果显示，菲全国失业率为7.1%，不充分就业率则高达20.9%。[2] 由于国民经济总盘子较小，且面临着提高社会福利与改善基础设施的巨大压力，阿基诺三世一直试图将军费开支提高到国民生产总值2%的目标始终很难实现。2013年菲律宾国防部预算为29亿美元，只占国民生产总值的1.1%，其中用于舰艇、飞机及其武器装备升级的预算仅有1.1亿美元。

毫无疑问，菲律宾海空力量现代化建设迟滞的症结主要在于资金短缺。2012年，菲律宾国会通过有关推动军队现代化的修订法案，要求菲律宾政府在2013年至2017年的5年时间里增拨750亿比索用于军队现代化项目。此后，菲律宾政府每年增拨约150亿比索用于军队现代化采购项目。2015年5月7日，在菲律宾参议院国防和安全委员会举行的听证会上，菲武装部队总参谋长卡塔潘宣称，菲律宾在21世纪面临反恐、气候变化、海上安全等诸多全球性挑战，亟需推动军队现代化。他建议，逐年增加政府预算中用于推动军队现代化的资金所占比例，把至少1%的政府预算用于军队现代化项目。2015年菲律宾政府总预算约2.6万亿比索，如果卡塔潘的建议获得采纳，菲国政府每年专门用于推动军队现代化的资金将大幅增至260亿比索（约合36亿元人民币）。[3] 可见，经费不足严重制约着菲律宾的军事现代化进程。另外，军队内部贪污腐败触目惊心，有限的经费更是难以用到刀刃上。值得注意的是，在菲武装部队总参谋长要求增加军购预算的同时，菲律宾参议院蓝带委员会2015年5月6日已开始调查菲军队现代化项目可能涉及的军购弊案。菲参议

---

[1] 《总统要求联合国援助菲国》，《菲律宾商报》，2014年9月24日报道。

[2] 《亚行预计菲律宾今明两年经济增幅可达6%》，http://www.chinanews.com/gj/2013/04-09/4715692.shtml。

[3] 《军方要求大幅增加军费》，《菲律宾商报》，2015年5月8日报道。

员伊斯古地洛要求国防部提交军队现代化项目资金使用报告，并公开质疑说："为何仅从2002年到2013年期间，菲政府就为军队现代化项目投入630多亿比索资金，但军队却仍处于糟糕状态。"①

军事预算资金的掣肘，诱使菲律宾高层冒险寻找捷径。他们逐渐将目光投向了南海油气的勘探与开采，企图以南海石油收益充实军费开支。2011年初，阿基诺三世将军费预算从原来的50亿比索增加到110亿比索（约合2.55亿美元），其中只有30亿比索来自政府2011年预算，其余的80亿比索完全来自马拉帕亚油气田（位于巴拉望岛西北80公里处的南海争议海域）的油气收入。② 2012年7月6日，菲律宾国防部长加斯明宣布斥资16亿美元武装菲空军的军购费用，更是全部来自该油气田。菲律宾已累计从该油气田获利54亿美元，2011年更是达到11亿美元，这些均成为菲律宾政府额外控制的神秘经费——"第151基金"。③ 分别于2011年8月与2012年5月入列菲海军的两艘"汉密尔顿"级护卫舰（美国退役的二手货），也是动用该基金从美国购买的。在尝到甜头之后，菲律宾政府更是加大对南海海域的油气勘探力度，不仅授权英国论坛能源公司在礼乐滩附近海域开展地震勘探活动，还屡次提出要公开招标油气区块。

位于礼乐滩附近的马拉帕亚油气田（天然气田），于2001年开始投产，是菲律宾有史以来最大的工业项目。该气田从南海海平面3000多米以下开采天然气，经由500多公里长的管道输送到吕宋岛西南岸的港口城市八打雁，供3家大型发电厂用作燃料。从菲律宾能源部的资料可以看出，这3家发电厂总装机容量高达2700万兆瓦，可满足菲律宾经济最发达的吕宋岛40%—50%的电力供应需求。

---

① 《军方要求大幅增加军费》，《菲律宾商报》，2015年5月8日报道。
② Philippines Try to Modernize Military, Asian Defence Yearbook 2010, p. 80.
③ Philippines Build Anti-China Muscle, http://www.atimes.com/atimes/Southeast Asia/NC02Ae01.html.

该气田让菲律宾持续受益,不仅为政府提供了大笔收入,也为数百万菲律宾人提供了清洁能源和电力。马拉帕亚油气田名义上虽说是由菲律宾能源部牵头,但壳牌石油菲律宾勘探公司持股45%、雪佛龙马拉帕亚公司持股45%,余下的10%由菲律宾国有石油公司持股。2011年和2012年菲律宾政府均分得11亿美元的特许开采权费。不过,据估计马拉帕亚油气田再过10年左右将会枯竭,这对于三成电力来自天然气发电的菲律宾来说,若未开发新的油气资源,将会导致经济发展中出现严重的电力不足。[1] 于是,阿基诺三世将更大的赌注押在了南海礼乐滩的油气开发上。

第二节 国内平叛与国土防御的矛盾

菲律宾海洋战略的实施,还受国内平叛与国土防御这一矛盾的制约。长期以来,菲律宾为维护国家统一和国内安全,将大量的军事力量投入到打击"新人民军""摩洛伊斯兰解放阵线"(MILF)和阿布沙耶夫等反叛团体中,致使海空军建设投入不足,装备和训练都相对落后。[2] "9·11"事件之后,在美国的大力援助下,菲律宾对这些反叛组织的打击取得了一些胜利。据报道,"摩洛伊斯兰解放阵线"人数已减为1.2万人,阿布沙耶夫组织从1000人减少到大约400人,"新人民军"军力也由鼎盛时期的超过2.6万人减少约4000人。[3] 国内叛乱力量的削弱使得菲律宾试图将防务建设重点由

---

[1] 李金明:《中菲南海争议不断升温的成因分析》,载王勤主编:《东南亚地区发展报告(2013—2014)》,社会科学文献出版社,2014年版,第97页。

[2] 陈庆鸿:《菲律宾军事现代化及其前景》,《国际资料信息》,2012年第8期。

[3] *Rebels kill five in attack on Philippine mine*,http://www.manilatimes.net/index.php/news/breaking-news/46795-r.

"国内平叛"转向"国土防御",为海空军力量的建设提供了机遇。

阿基诺三世上台以后,对反叛力量实行区别对待策略,对摩洛伊斯兰解放阵线以和谈为主,对"新人民军"采取打拉结合,而对阿布沙耶夫组织则采取坚决取缔的做法。2011年2月以来,菲律宾政府与摩洛伊斯兰解放阵线在马来西亚重启和谈,但一直谈谈停停,中间时有冲突。2012年8月5日,MILF的武装分子袭击了巴托省的两处政府军哨所,造成3人死亡、8人受伤。[①] 经过多轮艰苦谈判,菲律宾政府与MILF于2012年10月签署和平架构协定,2014年3月再签综合和平协定。菲律宾政府作出重大政治让步,同意让穆斯林分离组织在棉兰老岛成立相当于"亚国"的新政治实体即"摩洛国",换取MILF放下武器。2014年9月10日,菲律宾总统府把"摩洛国基本法"(Bangsamoro Basic Law,或译为"邦萨摩洛基本法")草案送交国会,期望国会尽快批准,以便于2016年在菲南成立"摩洛国",希冀以高度自治的"国中国"换取国家长久和平。[②] 此项创举可望终结菲律宾南部近50年的冲突,但可以预见成立"摩洛国"的过程不会平坦。菲律宾政治和选举改革研究所的分析员帕雷诺就说:"我认为政府和叛军对于以'邦萨摩洛基本法'来解决一切问题过于自信。"他接着说:"前方仍存在许多地雷。"[③] 成立"摩洛国"的进程中可能存在若干重大变数,包括菲律宾政府能否严格落实承诺,摩洛伊斯兰解放阵线是否真正放下武器,[④] 在菲南地区有重大政治和商业利益的人可能会反对该地区高度自治,以及"摩洛国基本法"草案能否在国会顺利通过变成法律,此外,该法律还

---

① 《菲律宾穆斯林叛乱分子袭击陆军哨所 致3人死亡》,http://world.huanqiu.com/exclusive/2012-08/2992606.html。
② 《摩洛国基本法草案送交国会》,《菲律宾商报》,2014年9月11日报道。
③ 《成立菲南自治区结束内战 阿基诺促国会通过"基本法"》《联合早报》,2014年9月11日报道。
④ Catherines S. Valente. Bangsa, *Law Silent on Laying Down of Arms*, The Manila Times, September 10, 2014.

要通过菲律宾最高法院的合宪审查，等等。

目前，菲律宾南部其他反叛势力的力量仍不可忽视，它们可能对和平进程造成干扰。2013年5月3日，"新人民军"武装分子袭击了西内格罗斯省的一处矿业公司（the Philex Mining site on the island of Negros），政府军在赶来围捕的过程中发生交火，结果造成政府军士兵5人死亡、2人受伤。2012年，新人民军共发动374起暴力袭击，造成81名政府军官兵、8名警察以及22名地方民兵死亡，另有53名平民死亡。① 自从阿基诺政府2012年10月15日与从"摩解"（MNLF）分裂出来的"摩伊"（MILF）正式签署和平框架协议以来，MNLF的创始人密苏阿里就反对该和平框架协议，并扬言重新开展武装斗争。2013年9月9日凌晨，MNLF武装人员乘船向靠近三宝颜市中心的一个人口稠密的社区发起进攻，与驻守当地的政府军和警察部队展开激战。叛军再次挟持数十名人质，枪战造成6人死亡、24人受伤，另有约1500名居民被迫逃离家园。② 2014年9月11日，菲律宾政府军第40步兵营在棉兰老地区北哥打巴托省米德萨亚普镇执行巡逻任务时，遭遇20多名"摩洛伊斯兰自由斗士"武装分子袭击，2名政府军士兵被打死，另外6人受伤，反政府武装方面10人丧生。"摩洛伊斯兰自由斗士"头目卡托原为MILF的强硬派人物，在MILF与政府重启和谈后，他指责MILF未能表达摩洛族人的真实意愿，率领近千名追随者建立"摩洛伊斯兰自由运动"武装。该武装后改名为"摩洛伊斯兰自由斗士"，主要盘踞在菲南部的马银兰佬省。③

贫困是滋生反叛的沃土，菲南穆斯林地区与全国其他地区相比，贫困最为严重。从地域上看，菲律宾17个地区的发展状况极不平

---

① *Rebels kill five in attack on Philippine mine*，http：//www.manilatimes.net/index.php/news/breaking-news/46795-r.
② 《数百名菲武装分子袭击三宝颜 致6人死24人伤》，中国新闻网，2013年9月10日报道。
③ 《军方与反政府武装冲突致12死6伤》，《菲律宾商报》，2014年9月12日报道。

衡。2013年，排名首位的首都大马尼拉市经济总量占全国的36.3%，随后是卡拉巴松地区（17.4%）和中吕宋地区（9%）；而排名末位的棉兰老穆斯林自治区仅占0.7%。同时，大马尼拉市的人均GDP也在各地区中排名第一，接近全国平均水平的三倍；而棉兰老穆斯林自治区依旧排名垫底，还不到首都的十分之一。与前一年相比，2013年菲律宾有10个地区的经济增速进一步放缓，其中最为严重的是三宝颜半岛地区，从12.9%下滑到4.3%。[1] 菲南穆斯林地区的极端贫困、社会不公以及与北方相比极为明显的被剥夺感，就构成菲律宾政府有效平叛的重大挑战。

另外，包括菲南、马来西亚和印度尼西亚在内的整个东南亚有众多的伊斯兰恐怖组织，它们之间盘根错节，互相支援，相互配合。这就进一步增加了菲律宾平定南部反叛势力的难度。例如，活跃于东南亚的恐怖组织"回教祈祷团"，其最终目标就是通过暴力手段在东南亚地区建立以印度尼西亚为中心，包括马来西亚和菲律宾南部、新加坡和文莱的伊斯兰教国家。1999年，"回教祈祷团"建立了"战士联盟"的区域联盟组织。联盟成员包括摩洛伊斯兰解放阵线、以孟加拉为根据地的洛兴亚士组织和以泰国南部为根据地的圣战军组织。联盟的目标是集合区域的激进组织作为实现成立伊斯兰教国的平台。2000年8月，"战士联盟"曾在菲律宾驻雅加达大使馆官邸外发动炸弹袭击，造成2死、20伤。"战士联盟"发动袭击的目的，就是报复菲律宾政府追剿摩洛伊斯兰解放阵线成员。[2] 根据有关报道，2014年，菲南地区有大约100名回教徒前往叙利亚和伊拉克参加"圣战"，他们和当地的回教武装分子一同作战。[3] 自2014年6

---

[1] 菲律宾国家统计协调委员会，地区经济数据，http://www.nscb.gov.ph/grdp/default.asp.
[2] 许可：《当代东南亚海盗研究》，厦门大学出版社，2009年版，第116—118页。
[3] 《招聘菲人参与恐怖活动 加拿大男子遭菲律宾驱逐》，《联合早报》，2014年9月11日报道。

月以来，阿布沙耶夫武装多次公开宣誓效忠"伊斯兰国"。① 该组织同国际恐怖主义合流势必将给菲律宾和周边地区带来更大威胁。2016年3月底，阿布沙耶夫组织绑架了10名印度尼西亚船员，并要求船主在4月8日前交付5000万比索的赎金。4月9日，菲律宾政府军在巴西兰岛对这伙恐怖分子展开突袭，结果被诱入事先设好的埋伏圈，造成政府军方面18名士兵阵亡、53名士兵受伤的重大损失。②

因此，菲律宾政府对南部的平叛可谓困难重重，菲南的和平进程注定不会一帆风顺。而只要国内局势不平静，菲律宾防务建设重点就很难发生实质性转移。2015年5月7日，在菲律宾参议院国防和安全委员会举行的对中国在南海填海造地和疏浚活动的调查听证会上，菲律宾国家安全顾问加西亚借机渲染南海问题的严重性，宣称南海争端已成为菲律宾国家安全的最大威胁。他强调，菲律宾军队应当尽快从维护国内安全任务中抽身出来，集中应对外部威胁，让警察部队接手承担打击反叛武装和恐怖主义等责任。③

第三节　海洋大战略与国内家族政治的矛盾

战略与策略不同，要求有一定的稳定性。由于菲律宾政治具有鲜明的家族政治特征，这就造成菲律宾政治的多变、不稳定。新上台的总统往往与前任对着干，前任总统的战略与政策往往就被后任调整甚至否定。如菲律宾前总统阿罗约奉行对华友好政策，在南海

---

① 《菲律宾极端武装威胁斩首德国人质》，新华网，2014年9月27日报道。
② 《围剿阿布沙耶夫组织伤亡惨重 菲军方为突击失败辩护》，联合早报网，2016年4月12日报道。
③ 《军方要求大幅增加军费》，《菲律宾商报》，2015年5月8日报道。

稳定问题上与中国合作良好。而阿基诺三世一上台,马上调整阿罗约的对华政策,借助美国制衡中国,结果造成南海形势高度紧张。这样,菲律宾家族争夺造成的政治不稳定与菲律宾海洋战略要求的稳定性之间就有一定张力。

新加坡大学教授杨木春认为,理解菲律宾政治结构的关键是家族,菲律宾的家族政治结构有其历史的渊源。西班牙人到来之前,当地的拓居群体就是以亲属关系为纽带结合起来的聚落。西班牙殖民者不仅没有破坏家族关系,反而大大加强了家族关系。① 在西班牙统治时期,菲律宾群岛的西班牙人数量始终不多,他们无法对广大的乡村实行直接统治,只得将原来的巴朗盖的酋长或首领任命为地方行政长官,再通过后者进行间接统治。这些酋长或首领利用殖民者给予他们的政治特权,大肆掠夺土地财富,从而成为特殊的权贵家族。② 美国殖民统治时期和后来的菲律宾独立,也都没有改变家族统治这一状况。当然,自1899年从西班牙手里接管菲律宾后,美国也曾致力于实行野心勃勃的"民主"改造计划,美国总统麦金利就表示要对菲律宾群岛的人民进行"文明"的改造。在美国总统塔夫脱执政期间,则向菲律宾引进了几乎"美国所有的基本的民主制度",包括选举程序、依法治国、美国式的司法裁决等。美国在菲律宾的统治一开始就强调地方自治政府,目标是建立"自下而上"的民主。但美国的当权者们很快就发现,任职于自治政府的菲律宾人经常"胡乱使用公共基金",用可支配的税收发放他们自己的工资。至此,美国人发现问题比想像的远为复杂,就开始修改对菲律宾群岛所实施的统治制度,将权力实行更进一步的集中化管理,以防止菲律宾人不受限制的统治所造成的这些"必须立即加以纠正的弊病"。同时,日益增加的管理成本还迫使他们鼓励菲律宾人采取合作

---

① [新西兰]尼古拉斯·塔林:《剑桥东南亚史》第2卷,云南人民出版社,2003年版,第330页。

② 李涛、陈丙先:《菲律宾概论》,世界图书出版公司,2012年版,第170—171页。

态度，允许地方政府日益菲律宾化。① 由于美国人将菲律宾的民主门槛设得非常高，选举权就被局限在原先的上层家族范围内，自然而然地上层家族也就掌握了地方政治权力。② 结果是，在西班牙和美国的殖民统治下，菲律宾的土地占有者阶级和政治统治就有效结合起来了。殖民者遗留下一个极不平等的土地占有制度，这意味着在农业部门中有一个庞大的可剥削的佃农阶级，他们容易受到政治上强大的地主阶级的影响。这种局面就促成了庇护者与扈从者社会结构的形成。③ 美国自下而上逐步开放政治，结果，菲律宾传统上层家族就凭借经济实力得以成功地自下而上控制了政府，而且还通过选举制度把自己组织起来，在全国范围内捍卫他们的利益。因此，最初旨在彻底进行社会变革的政治改革，最终以确立传统寡头政治的支配地位结束。其后，美国退出、菲律宾独立以后，殖民统治者让出的中央政权也成了上层家族政治角逐的目标。这样，庇护者与扈从者关系的家族政治结构就从村庄到国都垂直地连在了一起。

因此，家族结构全面扩展到政治生活中，菲律宾人扩展的家族就提供了一个定做的政治结构。家族制的庇护者与扈从者关系，就给菲律宾的政府结构留下两个鲜明特点。其一，一般不要求国家领导人同民众保持直接的关系。就总统选举而言，最重要的条件是要有能力提供回报，以博得投票集团的支持。其二，对党的忠诚并不重要，所以各个政党没有必要提出可供识别的纲领。政党就像联合起来的采邑，选举结束后，党的领袖要向控制地方投票集团的地方领袖提供奖赏。④

---

① ［新西兰］尼古拉斯·塔林：《剑桥东南亚史》第 2 卷，云南人民出版社，2003 年版，第 81 页。
② 李涛、陈丙先：《菲律宾概论》，世界图书出版公司，2012 年版，第 171 页。
③ ［新西兰］尼古拉斯·塔林：《剑桥东南亚史》第 2 卷，云南人民出版社，2003 年版，第 331 页。
④ ［新西兰］尼古拉斯·塔林：《剑桥东南亚史》第 2 卷，云南人民出版社，2003 年版，第 330—331 页。

家族政治结构带来的基本价值，是优先满足家族自身利益需要的必要性和裙带关系的重要性。对菲律宾政客来说，家族利益远远高于党派利益，高于国家利益。菲律宾的家庭成员自出生的那一天开始必须效忠于家族，这样才能从家族中取得保护和支持。数代的亲族聚集在一起形成一个核心，再通过联姻和教父制度向外扩展，形成庞大的家族或集团势力。庞大的家族能令每个家族成员在困难的时候获得援助，在参选时获得更多的选票，从而增强了参政的基础保证。在家族制度下，家族成员得服从家族的安排，为家族的荣耀和声望而努力。反过来，家族的地位和势力也决定了他们自己的地位和势力。[①] 因而政治就成为政治家族的"一种事业，一种运动，一种赌博"。菲律宾人之从事政治活动，亦是根源于一种"如何使家族获取社会和经济安全"的心理动机，而很少考虑到公共利益，家族利益的考虑远超过公共利益的考虑。[②] 这样，菲律宾就把一个民主运作的外壳套在了家族统治的实体之上，"家族充当了政治结构的主要部件"。[③]

长期以来，菲律宾全国上下一直为多个家族王朝（政治家族）所控制。政治家族是个"庞然大物"，它们垄断了国家的政治和经济，掌握着国家的命运。"每个家族就是一个利益集团，这些集团盘根错节，掌握着地方选票，并与中央政府有着密切的联系，并拥有私人武装"。[④] 有菲律宾本地学者指出，菲律宾的政治和经济命脉正由100个家族掌控，过去的7任总统来自于其中的4个家族，而200多家上市公司有60%控制在10个家族手中。[⑤] 行政和立法职位既是政治家族之间联合、竞争的工具，又属于代代相传的财富。在这样

[①] 李涛、陈丙先：《菲律宾概论》，世界图书出版公司，2012年版，第170页。
[②] 陈鸿瑜：《菲律宾政治发展》，台湾商务印书馆，1980年版，第67—68页。
[③] [新西兰] 尼古拉斯·塔林：《剑桥东南亚史》第2卷，云南人民出版社，2003年版，第332页。
[④] 马燕冰：《选举暴力下的菲律宾：政治仍难正常化》，《世界知识》，2009年第24期。
[⑤] 蒋工颖、曹正仁：《2014年度菲律宾投资风险报告》，共识网，2014年12月17日。

的"政治生态"和"行政格局"中,政治家族在任何时候都是"赢家",而且是通过合法的选举"通吃"。① 数十年间,总统宝座几乎就是在不同政治家族间"轮流坐庄",菲律宾独立后的15位总统中至少13位沾亲带故。菲律宾国会也成为政治家族的天下。目前,国会中,70%的众议院席位归政治家族所有;在参议院,这个数字更接近80%。2013年5月中期选举的33名参议员里,2名是菲律宾总统阿基诺三世的亲戚,1名是副总统的女儿,1名是众议院议长的儿子,2名分别是两任前总统的儿子,此外还有不少参议员的妻子和孩子。② 菲律宾的地方政权更是被各地的政治家族把持。虽然菲律宾宪法规定,众议员,以及省长、市长等地方官员每3年选举一次,连任不能超过3届,但届满再过3年后仍可再度竞选众议员和省长、市长。于是,就出现了这样的怪事,年迈的省长把职务通过"民主选举"传给长子,长子省长任满9年后,让弟弟、妹妹或妻子暂时顶替一下,自己改行竞选众议员之类的公职。下次选举,家族内部再进行权力分配,然后堂皇地通过选举转换政治角色。因此,地方最高公职基本上在政治家族内部循环,家族势力牢牢控制着地方政权。马京达瑙省就由安帕图安家族通过"民主选举"牢牢把持,老安帕图安三度当选省长,他的儿子、孙子和亲戚垄断了省一级及全省22名市、镇长职位中的14个首席职位,其中包括正副省长。③ 因此,可以说菲律宾从上到下弥漫着家族统治。

在菲律宾,政府领导人通过选举而定期更换会给人一种印象,以为民主政府在菲律宾正常运转。实际情况却是精英家族之间持续的政治斗争。④ 这种家族之间政治的争斗,发生在从中央到地方的不

---

① 颜武:《菲律宾:政治家族与腐败成灾》,《检察风云》,2013年第15期。
② 颜武:《菲律宾:政治家族与腐败成灾》,《检察风云》,2013年第15期。
③ 许春华:《"政治清算"牵动家族政治》,《南风窗》,2012年2月29日。
④ [新西兰]尼古拉斯·塔林:《剑桥东南亚史》第2卷,云南人民出版社,2003年版,第332页。

同政府层面，五花八门，精彩纷呈。

　　菲律宾政坛"斗法"不断，表面看也许是"反腐败"，义正词严、冠冕堂皇，而其实质则是根深蒂固的家族政治斗争，是"新权贵清算旧权贵"的一再上演。阿罗约清算了前总统埃斯特拉达，阿基诺三世上台后再清算阿罗约，菲律宾就这样不断重复着家族王朝的循环。菲律宾中央政府一届任期为6年（宪法规定总统不得连任），由于斗争激烈，当权者必须在这期间"很努力地往政府里面安插自己的人"。因此，菲律宾政府的腐败是众所周知的，要找他们清算是很容易的。事实上，自马科斯开始，菲律宾历任总统几乎没有不被"秋后算账"的。当然，除了阿基诺夫人和拉莫斯稍好外，菲律宾其余几名总统都不同程度地卷入腐败丑闻，也即有"账"可"算"。由于"天下乌鸦一般黑"，"账"是很难算到底的。因此，虽然遭到"清算"，但菲律宾的前任总统以及其他政客，却常常"风光依然"。前总统马科斯虽被赶下台、流亡海外，但马科斯家族从未"沉沦"。马科斯妻子伊梅尔达1990年结束流亡回国，便于1995年当选众议员，此后一直连选连任。2013年5月中期选举，马科斯家族又是大有斩获。马科斯83岁高龄的遗孀伊梅尔达成功连任大本营北伊罗戈省众议员，长女艾米连任省长，马科斯的外甥安杰洛·马可斯·巴尔巴也赢得副省长职位。儿子小费迪南德现今是参议员。前总统埃斯特拉达被判终生监禁，然而，2010年，他仍能纠集一班人马参加总统大选。2013年5月，埃斯特拉达毫无悬念击败对手当选马尼拉市长。仍被软禁在医院的前总统阿罗约，也毫不费力地连任众议员，其儿子与女婿也均连任众议员。① 之所以会如此，是因为政客虽被"清算"，但"盘"还在，即他们所依附的家族及家庭联盟还依然在政坛发挥影响。另外，现总统对前总统的"清算"一般都"留有余地"。无论是阿罗约还是阿基诺三世，对前总统其实都未

---

① 颜武：《菲律宾：政治家族与腐败成灾》，《检察风云》，2013年第15期。

"死整",某种程度上,还颇显"慈悲为怀"。阿罗约后来就对埃斯特拉达改监禁为软禁,2007年又将其特赦。阿基诺三世对阿罗约同样仅是"箭在弦上",至今,数宗罪案一宗也未"定谳",只是被软禁。其实,当权者所谓的"反腐败",一方面是迎合民众的"期盼",作出一种政治姿态,另一方面,更是出于政治家族及其追随者利益之考虑,需要打破前任构筑的权力结构。[1] 也就是,把前任的势力打下去,把自己的势力扶上来。所占据的位子"腾"出来了,也就"整"的差不多了。

目前,阿基诺家族与阿罗约家族是菲律宾最有权势、最为富裕的两大家族,且"旗鼓相当",都出过两位总统。阿基诺三世对阿罗约的"清算"尚未了结,支持前总统阿罗约的最高法院(大多数法官由阿罗约提名)于2011年11月24日作出裁决,将阿基诺家族拥有的路易西塔庄园(国内最大的甘蔗种植园)近3/4的土地(4915.7公顷)分给6296名佃农。另外,由于庄园部分土地已被售出用作住宅和高速公路建设,法院命令阿基诺家族向佃农支付大约3000万美元的经济补偿。舆论称,在此敏感时刻作此裁决,乃是分田地"打"总统,意在削弱阿基诺家族的经济实力与政治能量,为阿罗约"扳回一局"。2012年4月24日,菲律宾最高法院作出裁定,维持先前判决,要求总统阿基诺三世家族必须把近5000公顷土地中的4300公顷分售给当地6296名农民,价格远低于阿基诺家族要求的每公顷100万比索。[2]

在今日菲律宾政坛,家族争斗依然如故,腐败仍依然如故。阿基诺三世上台后,并没有改变菲律宾"任人唯亲、任人唯友"的政治传统。2013年5月中期选举,菲律宾总统阿基诺三世的两名亲戚就当选参议员。2014年8月下旬,阿基诺三世任命他的第二个表弟

---

[1] 许春华:《"政治清算"牵动家族政治》,《南风窗》,2012年2月29日。
[2] 《菲律宾最高法院判决总统家族土地必须贱卖给农民》,《广州日报》,2012年04月27日报道。

Emigdio Tanjuatco III，为克拉克国际机场公司总裁兼首席执行官。Emigdio Tanjuatco III 是阿基诺三世的母亲即前总统科拉松·阿基诺堂兄的儿子。① 一向以"清廉""反贪"标榜的阿基诺三世，其本人近年也有弊案传出。2014年7月初，菲律宾最高法院裁定阿基诺和其政府官员违宪。他们被指从2011年至2013年间，在国家实施经济刺激计划期间，擅自挪用预算资金。阿基诺三世因为此案面临两项弹劾控诉。② 与阿基诺三世搭档的副总统敏乃，也受到了弹劾指控。据菲律宾媒体报道，众议院司法委员会主席杜巴斯承认，收到了关于一些阵营打算对敏乃提出弹劾控诉的消息。敏乃涉嫌与马加智2号市政大楼造价超标案有关。③

由于菲律宾政坛家族政治斗争高潮迭起，政客更多着眼家族利益而不是国家利益，因此，再好的国家战略都可能抛诸脑后。

在菲律宾历史上，菲律宾政客为了家族利益，而不顾甚至牺牲国家、民族利益的事情并不鲜见。菲律宾的社会政治结构之间具有不和谐的特点，造成这种状况的原因之一是菲律宾历史上的上流社会未能超越其阶级的羁绊。1896年，菲律宾上流社会为了自己的狭隘利益，就脱离了卡蒂普南的民族主义运动。1899年，上流社会的很多领袖抛弃了阿奎纳多的革命政府，转而选择从西班牙获得政治自由而不是社会民主或经济民主。后来在1900—1901年期间，精英领袖们又与美国合作，建立了一个反对革命的殖民政权。美国随后采取的自由贸易政策给他们带来了新的经济利益，因为他们作为经济作物（如烟草）的生产者可以畅通无阻地进入美国市场。④ 这些

---

① 《阿基诺任命其第二个表弟为克拉克机场首席执行官》，《菲律宾商报》，2014年9月22日报道。
② 《菲律宾总统阿基诺上台四年来首次面对弹劾挑战》，凤凰网报道，http：//news.ifeng.com/a/20140903/41847602_0.shtml。
③ 《众院准备处理对敏乃弹劾案》，《菲律宾商报》，2014年9月10日报道。
④ [新西兰]尼古拉斯·塔林：《剑桥东南亚史》第2卷，云南人民出版社，2003年版，第333页。

上流精英在菲律宾民族独立的大是大非面前，竟然也经受不住考验。20世纪30年代初的经济大萧条时期，美国政府就想给予菲律宾完全的独立。但当时菲律宾执政的国民党精英为了家族与阶级利益，却并不急于让菲律宾独立，而是选择与美国政府谈判进而有个自治的过渡期。因为菲律宾上流精英由土地所有者组成，他们主要的收入来源于农业出口。如果选择让菲律宾迅速独立，他们的农产品就不能再免税进入美国市场（当时菲律宾出口货物的75%销往美国，美国让菲律宾迅速独立也有减轻大萧条带来的痛苦的考虑），他们就会因此遭受巨大损失。当时，就有人对上流精英这种背叛民族利益的行为作出严厉批评，"富裕的农场主划清了他们自己的利益和菲律宾人的利益。"[1] 历史上，菲律宾上流精英为了家族利益不惜一再背叛民族利益。今天，菲律宾的上流精英仍未超越家族利益的狭隘眼界。背叛的故事依旧在上演。

可以说，菲律宾的上流精英很可能为了家族利益而致民族利益于不顾，因此，菲律宾的海洋战略与国内的家族政治事实上很容易产生矛盾，海洋战略能否实现要打很大的折扣。

第四节　借重外国与民族自主的矛盾

历史上，菲律宾作为美国的殖民地，防务上长期依赖美国。直到二战结束后，美国仍然在菲律宾建有众多军事基地。而菲律宾民众一直自诩是亚洲第一个民族主义者，对美国的新殖民统治异常反感。为了寻求国家发展的独立性，1992年，菲律宾参议院投票否决

---

[1] ［新西兰］尼古拉斯·塔林：《剑桥东南亚史》第2卷，云南人民出版社，2003年版，第215页。

延续"美菲军事基地协议",迫使美军撤出苏比克湾和克拉克军事基地。菲律宾开始寻求建立本国防务的独立性以减少对美依赖度。

"9·11"事件后,美国借助1999年签署的《美菲部队访问协议》进驻菲南部。近年,美菲的防务合作更是有所加强。当然,再次合作,美菲双方各有所求、相互借重。对于菲律宾而言,是希望通过军事合作"挟美自重,叫板中国"。对于美国而言,则是为了"重返亚太",加强在该地区的军事存在。在如何应对南海问题时,美菲显然都是先从己方利益考虑,美国肯定不愿被菲律宾"绑架",美国斯坦福大学国际安全和合作中心研究员薛理泰就明确表示,"美国是否会在南海陷入与中国的一场军事冲突,由华盛顿决定,绝非马尼拉所能左右。"[1]

目前,菲律宾各界对美国在菲南部长驻也心存不满。2010年,菲律宾地方官员提议废除《美菲部队访问协议》,阿基诺三世表示持开放态度。然而,随着南海局势的再度紧张,中菲争端暂时掩盖了美菲之间的矛盾。菲律宾上层由辩论"是否废除《美菲部队访问协议》"转移到讨论"美菲《共同防御条约》的防御范围是否包括南海争端岛礁"。但是,菲律宾民众仍怀有强烈的反美情绪,每次美菲军演、美舰停靠菲律宾他们都举行游行示威活动,以致美菲高层一直惮于言及"重返基地",而代之以"轮防"之说。[2] 2012年6月12日,约1000名抗议者在菲律宾首都马尼拉发动游行,抗议美国部队在该国的存在。抗议者队伍在欲前往美国驻菲大使馆时,遭到防暴警察拦截后爆发冲突。[3]

2014年,菲律宾总统阿基诺三世遭遇了三项弹劾指控,其中一

---

[1] 释清仁:《菲律宾军事战略调整表现出目标与手段选择的错乱》,http://yn.people.com.cn/news/n/2012/1123/c336247-17759586-2.html。
[2] 陈庆鸿:《菲律宾军事现代化及其前景》,《国际资料信息》,2012年第8期。
[3] 《菲律宾上千民众举行反美游行与警方冲突》,http://news.sina.com.cn/w/p/2012-06-13/112324584993.shtml。

项就是"菲律宾与美国签署的加强防务合作协议遭到菲律宾民间团体的弹劾控诉"。① 2014年10月11日，菲律宾变性人珍妮弗·刘地被一名驻菲美军杀害，结果激起公愤，强化了重新审议《美菲部队访问协议》的需要。2014年10月16日，菲律宾通讯部长科洛马在记者会期间就此说："当然，一名菲律宾同胞的死亡使我们很伤心，对我们来说，这是不可接受的，因此，我们现在审议该协议之条款的根据更加有力，以确保国家的利益和我国公民的公道。"② 菲律宾外交部2014年11月3日证实，原定于本月例行停靠菲律宾苏比克湾的3艘美国军舰由于"操作原因"取消了原定行程。实际上，是忌惮菲律宾民众就"变性人被杀事件"借机抗议，因为变性人被美军士兵谋杀一案仍未处理。就在遇害者（变性人）的葬礼之后，她的德国籍男友还试图冲进菲律宾武装部队总部，要当面向犯罪嫌疑人进行抗议。可以说，对于美国在菲律宾的军事存在和美菲之间的军事合作，菲律宾民间一直是持反对态度的。美菲新签署的军事合作协议，不仅有民间的抗议，而且菲律宾大量的议员也强烈反对。反对的理由主要有以下两点：第一是其宪法不允许外国在菲律宾驻军；第二就是美军给当地的治安造成了极其恶劣的影响。甚至有议员表示，这种军事合作是对菲律宾主权的无耻践踏。③ 就变性人珍妮弗·刘地命案，2014年12月18日菲律宾外交部发言人表示，菲政府放弃争夺涉案美国士兵的羁押权，④ 结果引起民众不满。激进组织"新爱国联盟"斥责美国对菲进行"帝国主义霸凌"，要求菲律宾政

---

① 《菲参议院驳回弹劾总统动议》，《联合早报》，2014年9月3日报道。
② 《总统府：需审议来访部队协议》，《菲律宾商报》，2014年10月17日报道。
③ 《菲律宾国内反美声浪不断 美国军舰取消访菲行程》，《联合早报》，2014年11月7日报道。
④ 变性人珍妮弗·刘地命案发生后，涉案美兵彭柏顿即一直由美方看管。虽然后来在舆论压力下，美方同意将他移入菲国武装部队总部关押，但仍由美军人员看守。菲律宾外交部对美方拒绝交人感到"失望"，但也坦承美方此举未违反菲美军事部队互访协定。根据协定，美国拥有涉嫌在菲犯罪军人的羁押权，而菲国拥有案件管辖权。参见《菲放弃美军羁押权》，《菲律宾商报》，2014年12月19日报道。

府"硬起来",维护国家尊严。①

从长远来看,美菲两国间这种明显违背民意的扭曲的军事合作充满了变数。在这种军事合作中,如果菲律宾不能很好地协调国内民意主张与现实的利益需求之间的矛盾,不仅会给两国的军事合作带来消极影响,而且会影响到更大范围上的两国关系的大局。

因此,菲律宾政府在安全合作上,既想借重美国,但又不能走得太远,否则,就会引起民众的强烈反弹。

第五节 合纵与连横政策选择之间的矛盾

"合纵连横"是中国古代战国七雄之间的外交与军事战略的基本格局。"合纵",即"合众弱以攻一强",就是许多弱国联合起来抵抗一个强国,以防止强国之兼并。"连横",即"事一强以攻众弱",② 就是由强国拉拢一些弱国来对付另外一些弱国,以达到兼并之目的。

今天,"合纵连横"这个研究进路,对分析南海周边各国的外交政策与海洋战略仍有一定适用性。"合纵连横"既体现在南海周边各小国之间,也体现于各小国内部。

从各国之间看,"连横"事实上被一些南海周边小国认为,是中国针对他们的策略选择,中国对他们采取有拉有打的政策,主张南海争端要在双边的框架内解决,反对将南海争端国际化;而"合纵"则是南海周边一些小国在南海问题上对付中国的办法,如菲律宾、越南等国就主张"小国抱团"。

---

① 《菲放弃美军羁押权》,《菲律宾商报》,2014 年 12 月 19 日报道。
② 《韩非子·五蠹篇》。

另外,"合纵连横"也体现在南海周边各小国内部。也就是说,这些小国内部,一些社会势力是主张"连横"的,他们认为要进一步加强和改善与中国的关系,尤其要深化与中国的经济联系;另有一些势力是主张"合纵"的,认为与中国存在实质性利益冲突,主张与南海周边邻国共同对付中国。南海周边小国内部的"合纵"与"连横"的外交政策分歧,只有从时下亚太地区战略格局的调整来分析,才能看得更清楚。今天,中国、印度等新兴大国,因经济的快速发展正在迅速崛起,而美国、日本等主要发达国家,在恐怖主义和经济危机的连续冲击下,实力大损。由此造成,亚太地区的战略平衡发生根本性转变。一方面美国在亚太"安全格局"中强势依然;另一方面从亚太"经济格局"来看,各国已不同程度地卷入以中国经济为中心的运行轨道。因此,南海周边小国在外交政策上就普遍出现"两面下注",即经济合作找中国,安全合作找美国。[1] 其实,所谓的"两面下注",在各国国内就表现为"合纵"与"连横"的政策选择。如从菲律宾国内看,菲律宾工商界不少人是主张对中国"连横"的,认为只有加强与中国的经济联系,菲律宾经济才能稳步增长并保持活力;而菲律宾军方不少人则是主张"合纵"的(小国抱团并引入美国力量),认为与中国在南海上保持适度紧张关系,就能增加军费,并可提高军队在国家中的地位。近年,菲律宾军方不断借机炒作南海问题,夸大其严重性,就是意欲达到这一企图。2015年5月7日,在菲律宾参议院国防和安全委员会举行的对中国在南海填海造地和疏浚活动的调查听证会上,菲国家安全顾问加西亚就声称,中国在南海的活动已经使南海领土争端超越所有国家安全议题,成为菲最大的安全威胁。菲武装部队总参谋长卡塔潘则借机呼吁,用至少1%的年度预算来资助菲军现代化。按照2015年预算计算,1%代表大约260亿比索(约合36亿元人民币)。卡塔潘

---

[1] 黄慧敏:《南中国海 中美死结难解》,联合早报网,2012年8月19日报道。

说:"这应该是一个基准。不可能一夜之间发展出能力。这和去购物商场买鞋不一样。这是需要时间的。"[1] 菲律宾军方领导人讲得冠冕堂皇,振振有词。菲律宾国际法专家哈里罗计则批评菲律宾军方"危言耸听",通过炒作中国在南海岛礁的建设活动让菲国公众产生不必要的过度反应。[2]

包括菲律宾在内的部分东盟国家的"合纵"策略,还面临着他们内部争议与矛盾的挑战。越南、马来西亚、文莱等南中国海声索国,在南中国海海洋权益上就存在难以调和的矛盾。另外,印度尼西亚与菲律宾有帕尔玛斯岛(另称"棉加斯岛")的归属争端问题,马来西亚与菲律宾则存在"沙巴"的领土争端问题。另外,印度尼西亚、马来西亚,甚至澳大利亚之间也存在一定的海上争端。印度尼西亚与马来西亚1998年对沙巴东岸的西巴丹岛(Sipadan)和利吉丹岛(Ligitan)等两个小岛的主权归属相持不下,后来还把争议提交国际法庭。法庭2002年认为马国在两个岛上彰显主权的行为较多,因此裁定两个岛屿主权都归马国。印尼对此结果非常失望。印尼与澳大利亚在马鲁古群岛中的马瑟拉(Masela)、巴巴尔(Babar)与瑟拉鲁(Selaru)等岛屿水域,也存在划界争议。[3] 下面,仅就菲律宾与马来西亚和印度尼西亚两国之纷争做一分析。

1962年,菲律宾政府正式向马来西亚提出了对沙巴的主权要求,乃基于如下理由:第一,文莱苏丹1804年既将沙巴一部分土地让于苏禄苏丹,那块土地的主权自然属于苏禄苏丹所有。第二,1878年英商北婆罗洲公司向苏禄苏丹租得该地,每年付租金5300元(新币),公司所有的只是租地权而无所有权。第三,北婆罗洲公司于二战后宣告结束,自然应将该片土地归还苏禄苏丹。第四,苏禄王国既已归并于菲律宾,成为菲一省,凡苏禄苏丹所领有的土地,

---

[1] 《南海领土争端成菲最大安全威胁》,《菲律宾商报》,2015年5月8日报道。
[2] 《军方要求大幅增加军费》,《菲律宾商报》,2015年5月8日报道。
[3] 《彰显主权 印尼拟在南中国海区勘探油气》,联合早报网,2016年4月13日报道。

自应成为菲律宾的领土。基于上述理由，英国政府和马来亚政府，在未取得菲律宾的正式同意之前，无权将沙巴并入马来西亚联邦。马来西亚则坚决反对，认为菲律宾政府纯属多事，理由如下：第一，婆罗洲北部原本部落散处，文莱王国只是其中较大的部落之一，1804年文莱苏丹让于苏禄的那块土地，只是名义上的统属并未作实际的统治。苏禄苏丹取得这块土地，也只是名义上的，并未实际统治。这种情形维持了70余年。第二，1878年英商北婆罗洲公司与苏禄苏丹订约，其性质为永久性的让于，不是定期性的租赁。因此，苏禄苏丹及其后代，只有每年收取5300元的权利，并无权将该地收回。现在苏禄王国已不存在，自然更无权提出主张。第三，根据民族自决原则，沙巴居民已经两次投票（1962年、1967年），均表示愿意加入马来西亚联邦，并经联合国派员监督证实，因此，应该尊重沙巴民意。第四，美国与西班牙签订的《巴黎和约》确定的菲律宾领土范围，并未提及沙巴。1946年菲国独立，制定宪法，确定领土范围，同样未提及沙巴。因此，菲独立后16年（1962年），突然提出沙巴主权问题，着实令人费解。[①] 关于沙巴争端的两国说辞，从性质上看，菲律宾方面是基于法律立场，马来西亚则基于政治立场。菲律宾主张将沙巴争端交由海牙国际法庭解决。马来西亚则认为，沙巴根本不应该成为问题，菲方本不应提出。在随后的20多年中，沙巴领土争端成为菲马关系紧张的诱因。[②] 1969年9月初，菲律宾国会通过第954号法案，宣布沙巴为菲律宾领土。9月18日，菲律宾总统马科斯予以签署。马来西亚方面则表示严重抗议，两国关系出现严重倒退，相互召回驻对方大使。双方民众也起来示威、抗议，马来西亚群众捣毁了菲律宾驻吉隆坡大使馆。菲律宾政府有所防范，但抗议的菲律宾青年仍然捣毁了英国驻马尼拉大使馆（抗议英对马

---

① 陈烈甫：《菲律宾对外关系》，台北正中书局，1977年版，第158—159页。
② ［新西兰］尼古拉斯·塔林：《剑桥东南亚史》第2卷，云南人民出版社，2003年版，第484页。

的支持)。①

　　菲马沙巴主权争端还与菲南穆斯林的反叛问题纠缠在一起。1968年，菲律宾总统马科斯操纵向沙巴进行有组织的渗透，结果发生"科瑞吉多（Corregidor）事件"。同年，菲律宾与马来西亚订立了反走私协定，目的在遏阻沙巴与菲南穆斯林地区之间的走私活动，此举引起穆斯林的不满，因为"走私"为菲南穆斯林的主要海上交易方式。马科斯一方面推行与马来西亚的友好政策，另一方面在科瑞吉多岛召训穆斯林组成的军队，目的在向沙巴渗透，以贯彻菲前总统马卡帕加尔对沙巴的主权主张。1968年3月，被征召的穆斯林士兵发生叛变，有30余人被杀，结果刺激起穆斯林的激烈反抗。1968年5月1日，马塔兰（Udtog Matalam）宣布组织穆斯林独立运动（Muslim Independence Movement），要求建立包括苏禄、巴拉望和棉兰老岛在内的独立国家。② 由于涉及沙巴的主权争夺，马来西亚对菲南反叛予以或明或暗的支持。1969年，马来西亚协助训练反叛的穆斯林，并正式在西马的盘古岛（Pulau Pangkor）成立了"摩洛民族解放阵线"（Moro National Liberation Front，MNLF），密苏阿里被任命为主席，马来西亚且提供交通、武器和军需品。③ 可以说，在20世纪六七十年代，马来西亚是菲南穆斯林反叛的重要外部支持力量（另有利比亚等国家）。

　　由于沙巴争端问题极为复杂，双方立场观点差距太大。两国谈判多年，始终毫无进展。1977年8月，在吉隆坡举行第二次东盟首脑会议庆祝东盟成立10周年，马科斯总统会上声称，菲律宾将采取步骤放弃对沙巴的主权要求，不过没有采取正式的行动以证实这种承诺。本来商定第三次东盟首脑会议由马尼拉主办（原本定在1980年代初召开），但由于马科斯政府越来越不得人心，也由于马来西亚

---

① 陈烈甫：《菲律宾对外关系》，台北正中书局，1977年版，第163页。
② 陈鸿瑜：《菲律宾政治发展》，台湾商务印书馆，1980年版，第258—259页。
③ 陈鸿瑜：《菲律宾政治发展》，台湾商务印书馆，1980年版，第261页。

总理在沙巴的主权问题没有正式解决前拒绝访问菲律宾,结果造成东盟首脑会议会议一再推迟。

2013年10月20日,苏禄末代苏丹扎马鲁基兰(Jamalul Kiram)病逝(享年75岁),临死前仍念念不忘"收复沙巴"。扎马鲁基兰的家族发言人称,扎马鲁基兰去世前留下"遗命",要求家人不要放弃"为菲律宾人民"收复沙巴,继续完成收复沙巴的任务。早在2013年2月,扎马鲁基兰曾派其弟率领超过200名苏禄军侵入沙巴,声称沙巴主权属于苏禄王朝,要讨回祖地。马来西亚军警为捍卫国土,展开"主权行动"围剿苏禄军,歼灭至少68人,逮捕数百人,马国则有10名军警阵亡。[1]

印度尼西亚是菲律宾南部最大的邻邦,但菲律宾建国以来长期忽略南邻邦交。这有历史原因。二战以前,印尼受欧洲国家荷兰统治,菲岛则受美国的统治,印尼对外关系西向,菲岛对外关系则东向,结果这两个邻邦的关系反而非常疏远。二战以后,尽管两国相继独立,但这种情形并不容易立即有所改变。两国关系长期疏远,还有文化方面的原因。菲律宾与印尼虽同属马来民族的国家,但同种而不同文,在文化上差异很大。菲律宾受西班牙、美国的长期统治,是一英语普及的天主教国家。印尼受荷兰300年统治,在宗教方面并不能改变岛民原来伊斯兰教的信仰,荷文也只为上层少数人掌握。由于文化的差异,使这两个马来族邻邦有格格不入之感。菲岛过去往往以东方民族西方文化自诩,对于东方文化伊斯兰教信仰的南邻邦交,自不会重视。加之两国同属热带国家,出产大抵相同,工业同为落后,两国经济互补性差,贸易自然不易发展,因而无从建立深厚之经济联系。[2] 菲律宾自建国到1960年,对外关系向美国一边倒。20世纪60年代以后,对印尼等南邻关系,开始有所改善。

---

[1] 《菲苏禄前苏丹病逝 死前不忘"收复沙巴"》,联合早报网,2013年10月21日报道。
[2] 陈烈甫:《菲律宾对外关系》,台北正中书局,1977年版,第133—134页。

从地缘角度看，菲国南疆与印尼隔海相望，毗邻的小岛很多。在风平浪静的时候，两国岛民坐着摩托小艇往来，甚为方便，任何海滩均可登陆，防不胜防。由于这种情形，菲国南疆常有门户洞开之感。自菲国独立以来，以南部大岛棉兰老岛地广人稀、资源丰富，极力鼓吹移民开发。在此期间，印尼人也纷纷向棉兰老岛偷渡，数量颇多，起初是数以千计，后来竟多至以万计。由于印尼人和菲人同属马来族，肤色体型相同，加之印尼人为伊斯兰教徒，与菲南的摩洛族在信仰与服饰方面均一模一样。这样偷渡进来，很容易混迹其间。由于菲南穆斯林对菲政府本就不满，如果偷渡过来的印尼人中夹杂从事政治活动的分子，进行渗透鼓煽，自然引起菲政府的警惕与忧虑。① 另外，印尼海域渔业资源丰富，南洋各国渔船，混迹期间，非法捕捞极端猖狂。2014年10月，印尼佐科政府上台之后，采取强硬措施对付在印尼水域非法捕捞的外国渔船，至今已炸沉了超过117艘越界船只。2016年2月22日，印尼又炸沉了近30艘分别来自菲律宾、越南、马来西亚和缅甸的渔船。②

英国《金融时报》2015年9月17日报道称，印尼海洋渔业部部长苏西向该报证实，印尼计划在南中国海岛屿（纳土纳群岛）建设一个新的海军基地。这个于2015年7月公布的计划目前正处于研究阶段。据印尼国家通讯社安塔拉报道，国家发展规划部部长安德里诺夫透露说，军事基地可供选择的地点包括西加里曼丹的三巴斯岛、隶属廖内群岛的纳土纳群岛和北加里曼丹的塔拉坎群岛。在谈到建军事基地的必要性时，印尼防长利亚米扎德说，这是考虑到印尼与周边国家未来可能面临的领土争端风险，"不希望看到西巴丹和利吉丹岛所发生的主权纠纷再次上演"。1998年，印尼与马来西亚因西巴丹和利吉丹岛主权问题而发生纠纷，后来还闹上国际法庭。

---

① 陈烈甫：《菲律宾对外关系》，台北正中书局，1977年版，第143—145页。
② 《交代纳土纳渔船纠纷 印尼今天召见中国大使》，联合早报网，2016年3月21日报道。

纳土纳群岛是印尼领土中最靠近南海的部分，中国和印尼对纳土纳群岛归属没有争端，但双方存在海洋经济专属区划界的问题，中国的南海九段线与印尼纳土纳群岛周围200海里专属经济区有部分交集。针对此计划，东南亚问题专家普拉山特在《外交学者》网站撰文称，印尼政府一贯的海洋战略在佐科政府里得到强化，在北部海域建设军事基地的计划便是其中重要一环。从纳土纳的角度看，印尼对主权和领土完整的重视确实包括南海问题，但并不仅限于南海问题。印尼与多个邻国存在领土争端，建军事基地的确是为维护主权，但不能简单地将其归因于对抗中国。[①]

如此看来，菲律宾与南邻在内的国家关系非常复杂，加之，还有领土争端及海洋划界争议。因此，包括菲律宾在内的东盟诸国要对中国一致采取"合纵"行动，也是面临诸多挑战的。

[①] 《印尼将在南海建新海军基地 要求中国变更"九段线"》，《环球时报》，2015年9月18日报道。

图书在版编目（CIP）数据

菲律宾海洋战略研究/上海市美国问题研究所主编，朱新山著. —北京：时事出版社，2016.9
ISBN 978-7-80232-960-7

Ⅰ.①菲… Ⅱ.①朱… Ⅲ.①海洋战略—研究—菲律宾 Ⅳ.①E341.53

中国版本图书馆CIP数据核字（2016）第164055号

| 出版发行：时事出版社
| 地　　　址：北京市海淀区万寿寺甲2号
| 邮　　　编：100081
| 发 行 热 线：（010）88547590　88547591
| 读者服务部：（010）88547595
| 传　　　真：（010）88547592
| 电 子 邮 箱：shishichubanshe@sina.com
| 网　　　址：www.shishishe.com
| 印　　　刷：北京市昌平百善印刷厂

开本：787×1092　1/16　印张：12.75　字数：162千字
2016年9月第1版　2016年9月第1次印刷
定价：56.00元
（如有印装质量问题，请与本社发行部联系调换）